Impressum
Verlag: BABADADA GmbH, Nedderfeld 112 , 22529 Hamburg
Geschäftsführer / Verlagsleitung: Harald Hof
Druck: Books on Demand GmbH, In de Tarpen 42, 22848 Norderstedt

Imprint
Publisher: BABADADA GmbH, Nedderfeld 112 , 22529 Hamburg, Germany
Managing Director / Publishing direction: Harald Hof
Print: Books on Demand GmbH, In de Tarpen 42, 22848 Norderstedt, Germany

სკოლა

школа

გაყოფა
дзяліць

186/2

დაფა
дошка

საკლასო ოთახი
класны пакой

სკოლის ეზო
школьны двор

მასწავლებელი
настаўнік

ქაღალდი
папера

წერა
пісаць

კალამი
ручка

მაგიდა
пісьмовы стол

სახაზავი
лінейка

წიგნი
кніга

მოსწავლე
вучань

ზურგჩანთა
....
ранец

პენალი
....
пенал

ფანქარი
....
просты аловак

ფანქრების სათლელი
....
тачылка для алоўкаў

საშლელი
....
гумка

ნახატების ალბომი
....
альбом для малявання

ნახატი

малюнак

ფუნჯი

пэндзлік

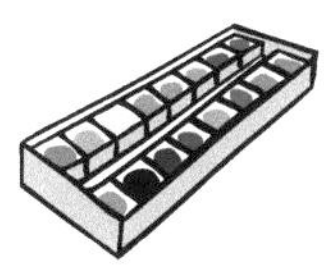

საღებავის ყუთი

фарбы

მაკრატელი

нажніцы

წებო

клей

სავარჯიშო რვეული

сшытак

საშინაო დავალება

хатняе заданне

ნომერი

лік

დამატება

дадаваць

გამოკლება

адымаць

გამრავლება

множыць

გამოთვლა

лічыць

წერილი

літара

ABCDEFG
HIJKLMN
OPQRSTU
VWXYZ

ანბანი

алфавіт

სიტყვა

слова

ტექსტი

тэкст

წაკითხვა

чытаць

ცარცი

крэйда

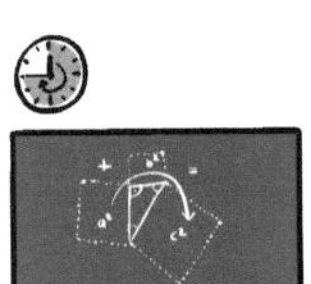

გაკვეთილი

ўрок

რეგისტრაცია

класны журнал

გამოცდა

экзамен

სერტიფიკატი

атэстат

სკოლის ფორმა

школьная форма

განათლება

адукацыя

ენციკლოპედია

энцыклапедыя

უნივერსიტეტი

універсітэт

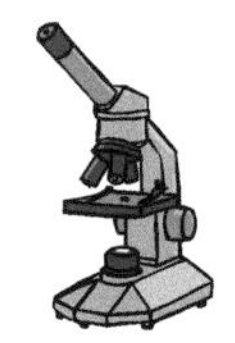

მიკროსკოპი

мікраскоп

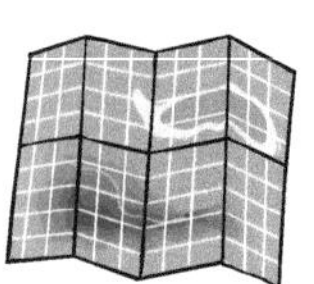

რუქა

карта

კალათა ნარჩენი ქაღალდებისათვის

смеццевы кошык

მოგზაურობა

падарожжа

სასტუმრო
гатэль

ჰოსტელი
хостэл

ვალუტის გადაცვლის პუნქტი
абменны пункт

ჩემოდანი
чамадан

მანქანა
аўтамабіль

ენა

мова

კი / არა

так / не

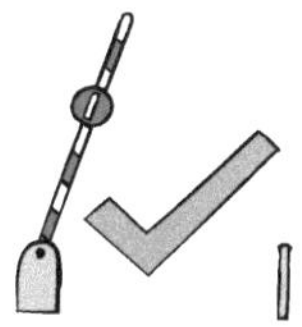

კარგი

добра

გამარჯობა

прывітанне!

მთარგმნელი

перакладчык

გმადლობთ

дзякуй

რა ღირს... ?

Колькі каштуе....?

ვერ გავიგე

я не разумею

პრობლემა

праблема

აღამო მშვიდობისა!

Добры вечар!

დილა მშვიდობისა!

Добрай раніцы!

ღამე მშვიდობისა!

Дабранач!

ნახვამდის

да пабачэння

მიმართულება

кірунак

ბარგი

багаж

ჩანთა

сумка

ზურგჩანთა

заплечнік

სტუმარი

госць

ოთახი

пакой

საძილე ტომარა

спальны мяшок

კარავი

палатка

ტურისტული ინფორმაცია

інфармацыя для турыстаў

სანაპირო

пляж

საკრედიტო ბარათი

крэдытная картка

საუზმე

снеданне

ლანჩი

абед

ვახშამი

вячэра

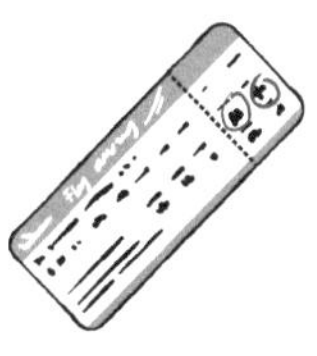

ბილეთი

праязны білет

ლიფტი

ліфт

საფოსტო მარკა

паштовая марка

საზღვარი

мяжа

საბაჟო

мытня

საელჩო

пасольства

ვიზა

віза

პასპორტი

пашпарт

ტრანსპორტი

транспарт

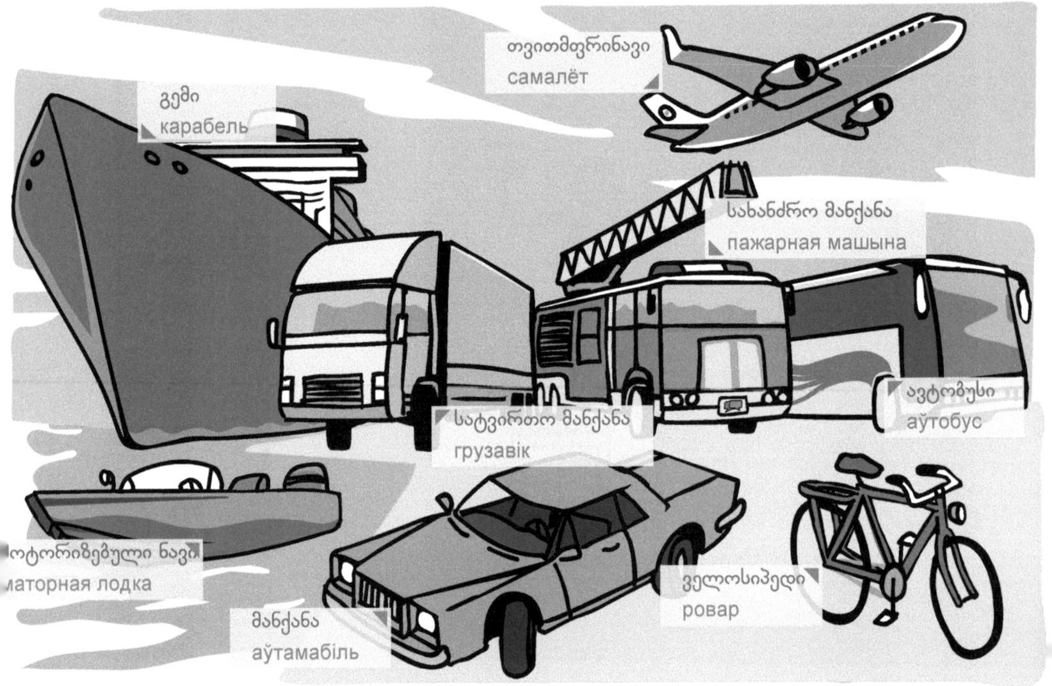

თვითმფრინავი
самалёт

გემი
карабель

სახანძრო მანქანა
пажарная машына

სატვირთო მანქანა
грузавік

ავტობუსი
аўтобус

ოტორიზებული ნავი
аторная лодка

მანქანა
аўтамабіль

ველოსიპედი
ровар

ბორანი

паром

ნავი

лодка

მოტოციკლი

матацыкл

პოლიციის მანქანა

паліцэйская машына

სარბოლო მანქანა

гоначны аўтамабіль

დაქირავებული მანქანა

арэндаваны аўтамабіль

მანქანის ერთობლივი მოხმარება

сумеснае карыстанне аўтамабілем

საბუქსირე მანქანა

эвакуатар

ნაგვის მანქანა

смеццявоз

ძრავა

матор

საწვავი

паліва

ბენზინგასამართი სადგური

запраўка

საგზაო ნიშანი

дарожны знак

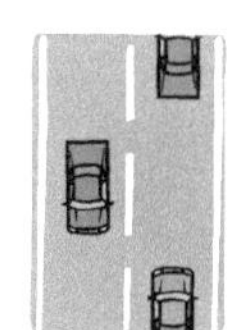

მოძრაობა

дарожны рух

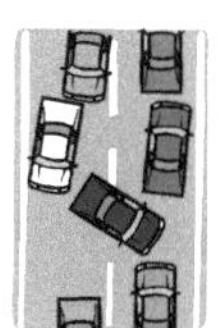

საცობი

затор

მანქანის სადგომი

паркоўка

მატარებლის სადგური

чыгуначная станцыя

ლიანდაგები

рэйкі

მატარებელი

цягнік

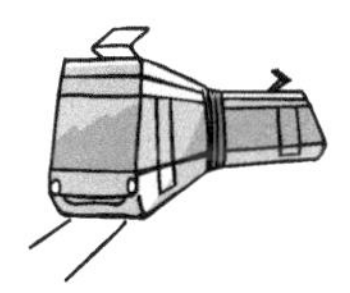

ტრამვაი

трамвай

ვაგონი

вагон

ვერტმფრენი

вертолёт

აეროპორტი

аэрапорт

კოშკი

вежа

მგზავრი

пасажыр

კონტეინერი

кантэйнер

მუყაოს ყუთი

кардонная скрыня

ურიკა

тачка

კალათა

карзіна

აფრენა / დაშვება

ўзлятаць / прызямляцца

ქალაქი

горад

სოფელი

вёска

ქალაქის ცენტრი

цэнтр горада

სახლი

дом

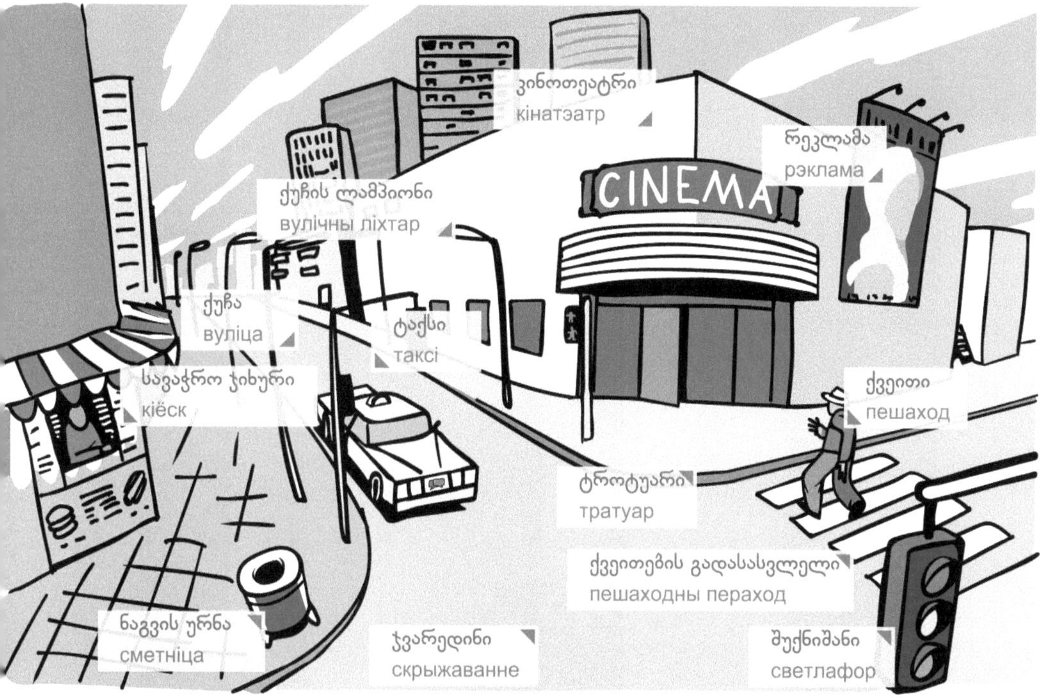

კინოთეატრი
кінатэатр
რეკლამა
рэклама
CINEMA
ქუჩის ლამპიონი
вулічны ліхтар
ქუჩა
вуліца
ტაქსი
таксі
სავაჭრო ჯიხური
кіёск
ქვეითი
пешаход
ტროტუარი
тратуар
ქვეითების გადასასვლელი
пешаходны пераход
ნაგვის ურნა
сметніца
ჯვარედინი
скрыжаванне
შუქნიშანი
светлафор

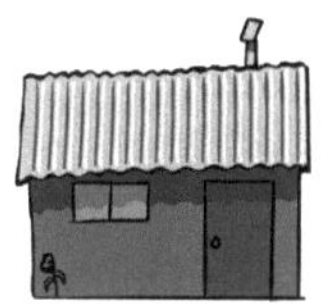

ქოხი

халупа

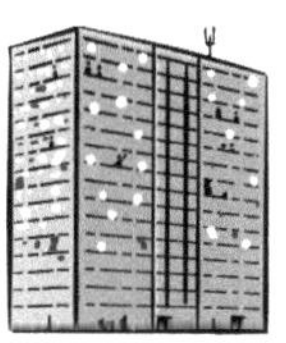

ბინა

кватэра

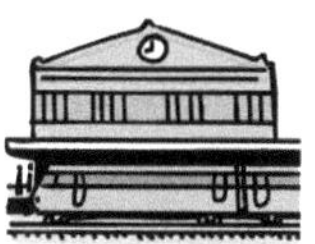

მატარებლის სადგური

чыгуначная станцыя

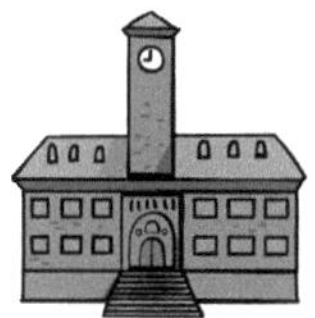

მუნიციპალიტეტი

ратуша

MUSEUM

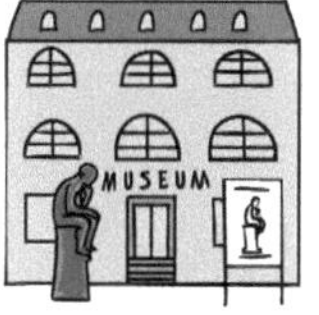

მუზეუმი

музей

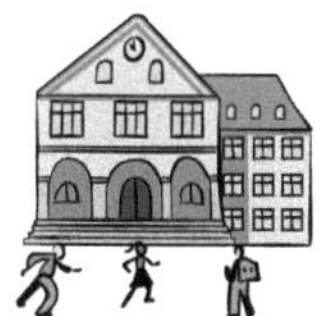

სკოლა

школа

უნივერსიტეტი

універсітэт

ბანკი

банк

საავადმყოფო

шпіталь

სასტუმრო

гатэль

აფთიაქი

аптэка

ოფისი

офіс

წიგნების მაღაზია

кнігарня

მაღაზია

крама

ფლორისტი

кветкавая крама

სუპერმარკეტი

супермаркет

ბაზარი

кірмаш

მაღაზიის განყოფილება

універмаг

თევზის გამყიდველი

рыбная крама

სავაჭრო ცენტრი

гандлевы цэнтр

ნავსადგომი

порт

პარკი

парк

გრძელი სკამი

лава

ხიდი

мост

კიბეები

лесвіца

მიწისქვეშა გადასასვლელი

метро

გვირაბი

тунэль

ავტობუსის გაჩერება

прыпынак

ბარი

бар

რესტორანი

рэстаран

საფოსტო ყუთი

паштовая скрыня

ქუჩის ნიშანი

вулічны паказальнік

პარკინგის საზომი

паркамат

ზოოპარკი

заапарк

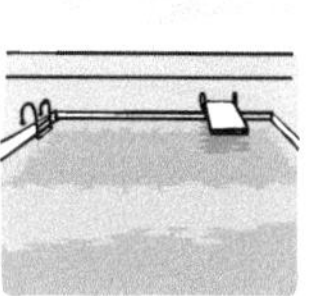

საცურაო აუზი

басейн

მეჩეთი

мячэць

ფერმა

сядзіба

გარემოს დაბინძურება

забруджванне навакольнага асяроддзя

სასაფლაო

могілкі

ეკლესია

царква

საბავშვო მოედანი

пляцоўка для гульні

ტაძარი

храм

ლანდშაფტი

краявід

ფოთოლი
ліст

გზის მანიშნებელი ნიშანი
паказальнік

გზა
дарога

მდელო
луг

ქვა
камень

მოგზაური
падарожнік

ხე
дрэва

მდინარე
рака

ბალახი
трава

ყვავილი
кветка

ხეობა

даліна

გორაკი

гара

ტბა

возера

ტყე

лес

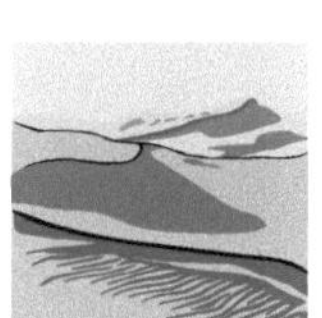

უდაბნო

пустыня

ვულკანი

вулкан

ციხე

замак

ცისარტყელა

вясёлка

სოკო

грыб

პალმა

пальма

კოღო

камар

ბუზი

муха

ჭიანჭველა

мурашка

ფუტკარი

пчала

ობობა

павук

ხოჭო
жук
ბაყაყი
жаба
ციყვი
вавёрка
ზღარბი
вожык
კურდღელი
заяц
ბუ
сава
ფრინველი
птушка
გედი
лебедзь
ტახი
дзік
ირემი
алень
ცხენ-ირემი
лось
კაშხალი
плаціна
ქარის ტურბინა
вятрак
მზის ბატარეა
сонечная батарэя
კლიმატი
клімат

რესტორანი

рэстаран

მიმტანი
афіцыянт

მენიუ
меню

სკამი
крэсла

სუპი
суп

პიცა
піца

დანა-ჩანგალი
сталовыя прыборы

მაგიდაზე გადასაფარებელი
абрус

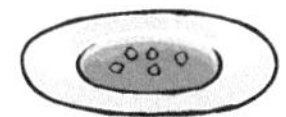

საუზმე
закуска

მთავარი კერძი
другая страва

დესერტი
дэсерт

დასალევი
напоі

საჭმელი
ежа

ბოთლი
бутэлька

სწრაფი კვება

хуткае харчаванне (фаст-фуд)

ქუჩის საჭმელი

стрыт-фуд

ჩაიდანი

імбрык (чайнік)

საშაქრე

цукарніца

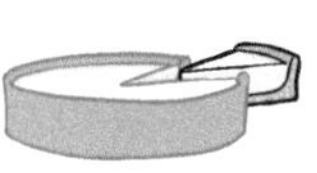

პორცია

порцыя

ესპრესოს მანქანა

эспрэса-машына

მაღალი სკამი

дзіцячае крэселка

ანგარიში

рахунак

ლანგარი

паднос

დანა

нож

ჩანგალი

відэлец

კოვზი

лыжка

ჩაის კოვზი

чайная лыжка

ხელსახოცი

сурвэтка

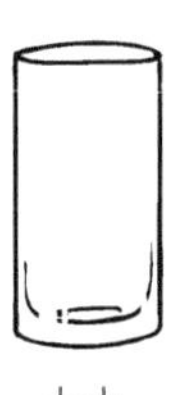

ჭიქა

шклянка

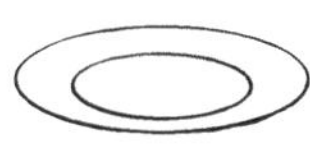

თეფში

талерка

სუპის თეფში

супавая талерка

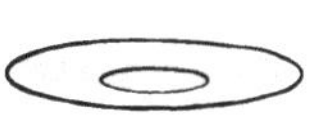

ჩაის ლამბაქი

сподак

საწებელი

соус

სამარილე

сальніца

წიწაკის საფქვავი

млынок для перцу

ძმარი

воцат

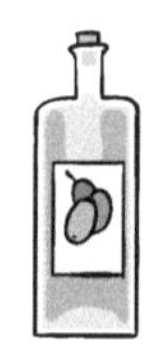

ზეთი

алей

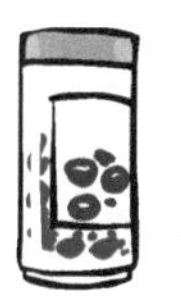

სანელებლები

спецыі

კეტჩუპი

кетчуп

მდოგვი

гарчыца

მაიონეზი

маянэз

სუპერმარკეტი

супермаркет

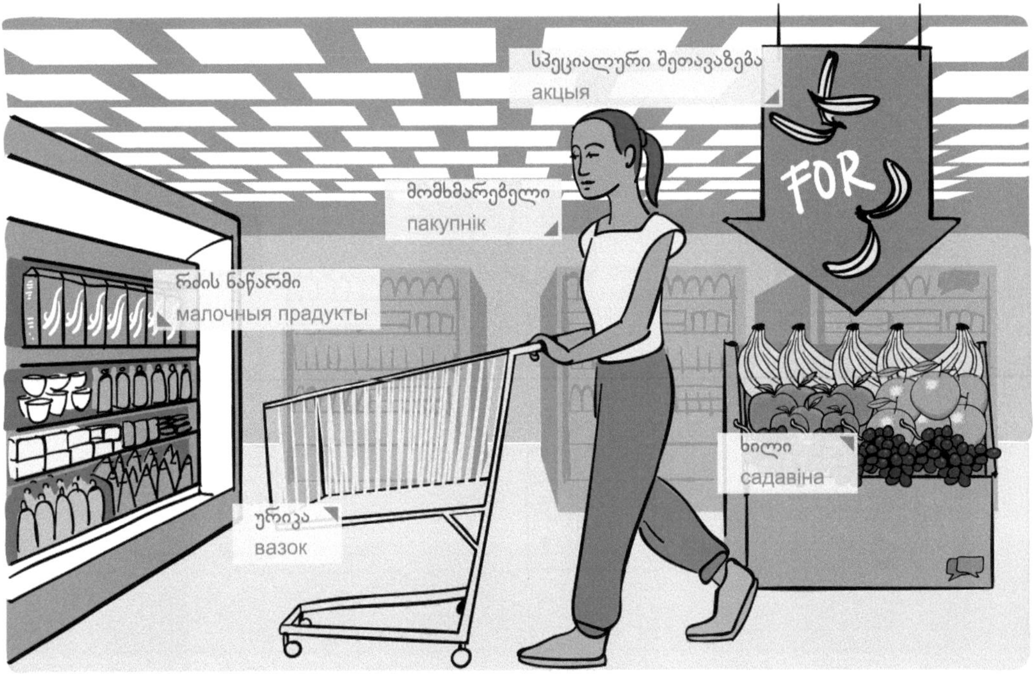

სპეციალური შეთავაზება

акцыя

მომხმარებელი

пакупнік

რძის ნაწარმი

малочныя прадукты

ხილი

садавіна

ურიკა

вазок

საყასბო

мясная крама

საცხობი

хлебны магазін

აწონვა

важыць

ბოსტნეული

гародніна

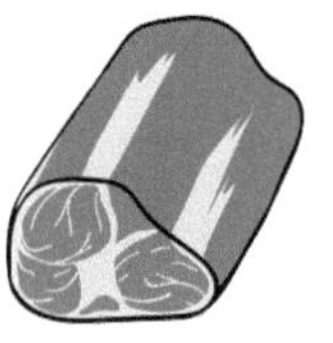

ხორცი

мяса

გაყინული საკვები

свежазамарожаныя прадукты

გრილი ხორცი

нарэзка

კონსერვები

кансервы

სარეცხი ფხვნილი

пральны парашок

ტკბილეული

прысмакі

საყოფაცხოვრებო პროდუქტები

хатнія прылады

სარეცხი საშუალებები

чысцячы сродак

გამყიდველი

прадавец

სალარო

каса

მოლარე

касір

საყიდლების სია

спіс пакупак

მუშაობის საათები

гадзіны працы

პორტმანი

бумажнік

საკრედიტო ბარათი

крэдытная картка

ჩანთა

сумка

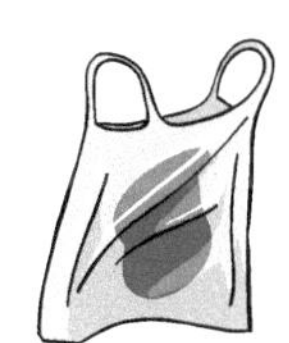

პლასტიკური პარკი

пакет

დასალევი
напоі

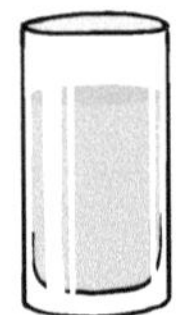

წყალი

вада

წვენი

сок

რძე

малако

კოკა-კოლა

кола

ღვინო

віно

ლუდი

піва

ალკოჰოლი

алкаголь

კაკაო

какава

ჩაი

гарбата (чай)

ყავა

кава

ესპრესო

эспрэса

კაპუჩინო

капучына

საჭმელი

ежа

ბანანი

банан

ვაშლი

яблык

ფორთოხალი

апельсін

საზამთრო

дыня

ლიმონი

лімон

სტაფილო

морква

ნიორი

часнок

ბამბუკი

бамбук

ხახვი

цыбуля

სოკო

грыб

კაკალი

арэхі

ატრია

локшына

სპაგეტი

спагеці

ბრინჯი

рыс

სალათი

салата

ჩიპსები

бульба фры

შემწვარი კარტოფილი

смажаная бульба

პიცა

піца

ჰამბურგერი

гамбургер

სენდვიჩი

бутэрброд

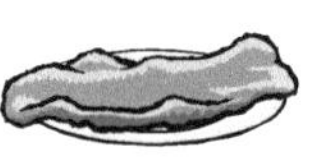

კოტლეტი

шніцаль

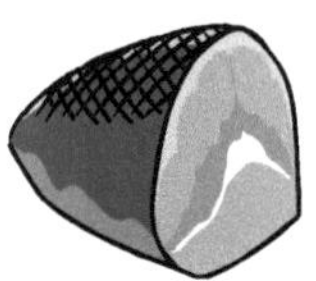

ლორი

вяндліна

სალიამი

салямі

ძეხვი

каўбаса

წიწილა

курыца

შემწვარი ხორცი

смажаніна

თევზი

рыбак

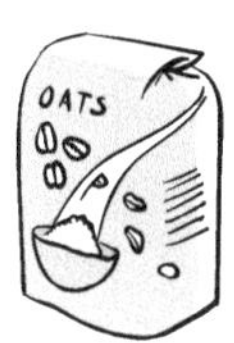

შვრიის ფაფა

аўсяныя камякі

მუსლი

мюслі

სიმინდის ფანტელები

кукурузныя шматкі

ფქვილი

мука

კრუასანი

круасан

ბულკი

булачка

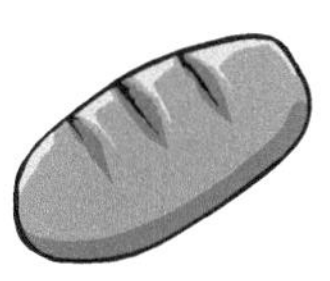

პური

хлеб

ტოსტი

тост

ნამცხვრები

пячэнне

კარაქი

масла

ხაჭო

тварог

ტორტი

пірог

კვერცხი

яйка

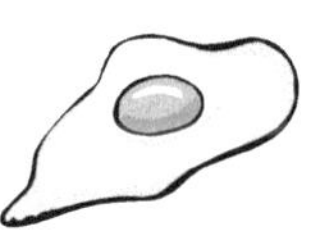

ერბო-კვერცხი

яечня

ყველი

сыр

ნაყინი

марожанае

შაქარი

цукар

თაფლი

мёд

ჯემი

варэнне

შოკოლადის კრემი

нуга

კარი

кары

ფერმა

сядзіба

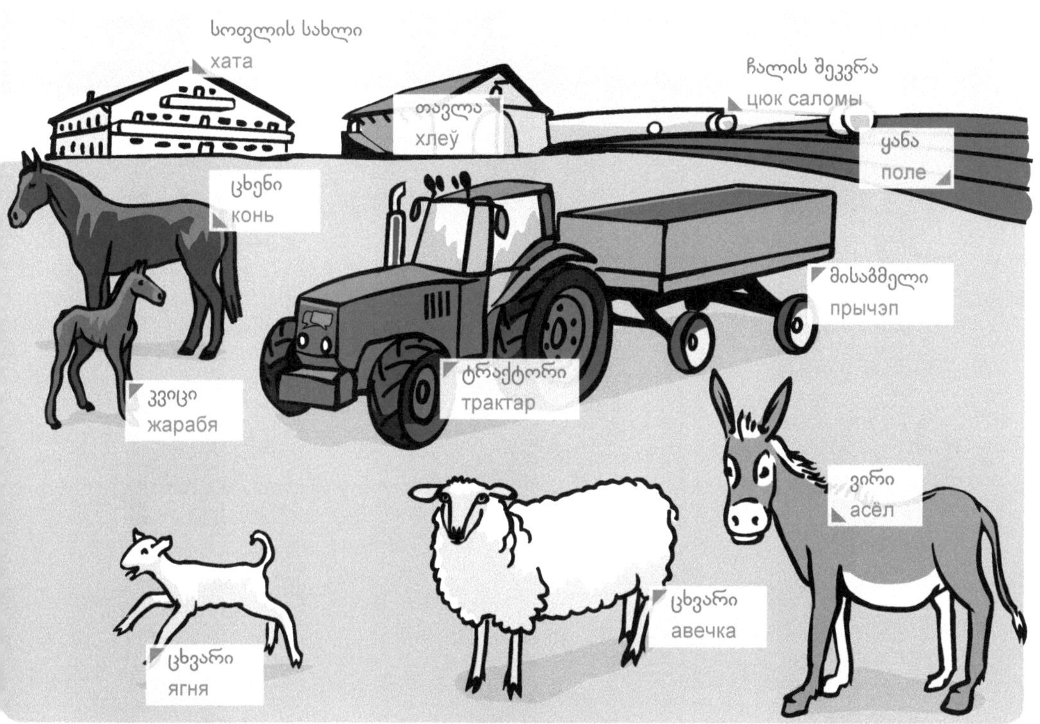

სოფლის სახლი
хата

თავლა
хлеў

ჩალის შეკვრა
цюк саломы

ყანა
поле

ცხენი
конь

მისაბმელი
прычэп

ტრაქტორი
трактар

კვიცი
жарабя

ვირი
асёл

ცხვარი
авечка

ცხვარი
ягня

თხა
каза

ძროხა
карова

ხბო
цяля

ღორი
свіння

გოჭი
парася

ხარი
бык

ბატი

гусак

იხვი

качка

წიწილა

кураня

ქათამი

курыца

მამალი

певень

ვირთხა

пацук

კატა

кот

თაგვი

мыш

ხარი

вол

ძაღლი

сабака

საძაღლე

сабачая будка

ბაღის შლანგი

садовы шланг

საბაღე წურწურა

палівачка

ცელი

каса

გუთანი

плуг

ნამგალი

серп

თოხი

матыка

პატივის სახვეტი ჩანგალი

вілы для гною

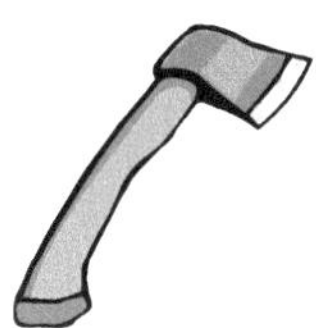

ცული

сякера

მაზიდი

тачка

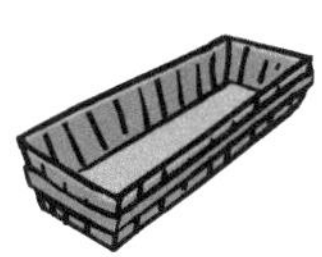

გობი

карыта

რძის ბიდონი

бітон для малака

ტომარა

мех

ღობე

плот

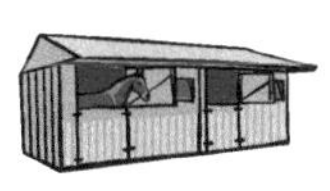

ბოსელი

хлеў

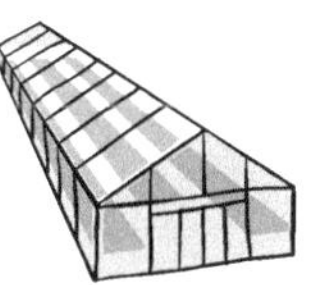

სათბური

цяпліца

ნიადაგი

глеба

თესლი

насенне

სასუქი

угнаенне

მოსავლის ამღები კომბაინი

камбайн

მოსავლის აღება

збіраць ураджай

მოსავალი

ураджай

იამი

ямс

ხორბალი

пшаніца

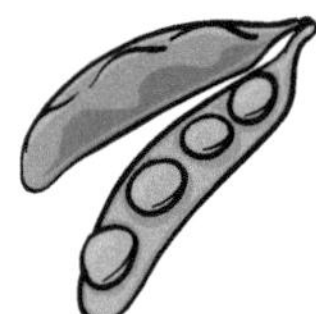

სოიო

соя

კარტოფილი

бульба

სიმინდი

кукуруза

სარეველას თესლი

рапс

ხეხილი

садовае дрэва

მანიოკი

маніёк

მარცვლეული

збожжа

სახლი

дом

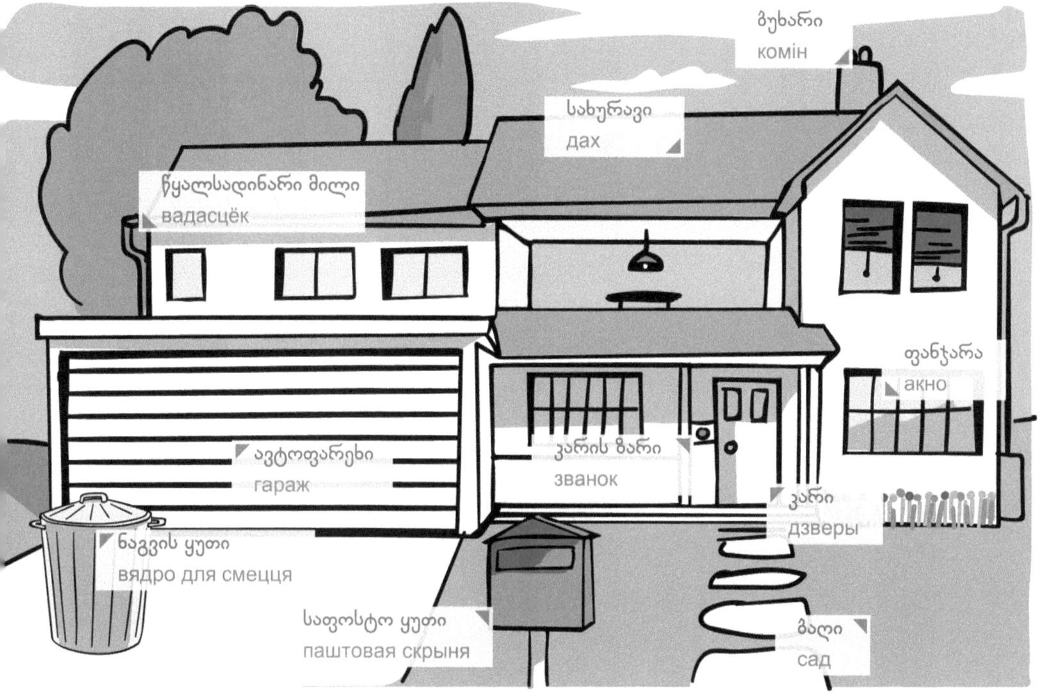

გუხარი
комін

სახურავი
дах

წყალსადინარი მილი
вадасцёк

ფანჯარა
акно

ავტოფარეხი
гараж

კარის ზარი
званок

კარი
дзверы

ნაგვის ყუთი
вядро для смецця

საფოსტო ყუთი
паштовая скрыня

ბაღი
сад

მისაღები ოთახი

жылы пакой

აბაზანა

ванная

სამზარეულო

кухня

საძინებელი

спальны пакой

საბავშვო ოთახი

дзіцячы пакой

სასადილო ოთახი

сталоўка

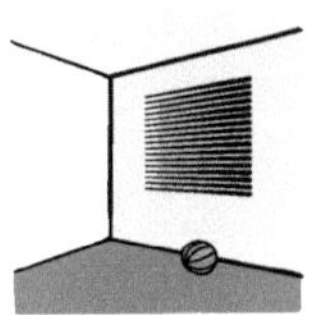

სართული

падлога

კედელი

сцяна

ჭერი

столь

სარდაფი

падвал

საუნა

саўна

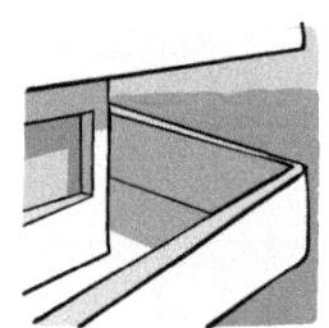

აივანი

балкон

ტერასა

тэраса

აუზი

басейн

გაზონის საკრეჭი

касілка

საბნის კონვერტი

падкоўдранік

საწოლი

коўдра

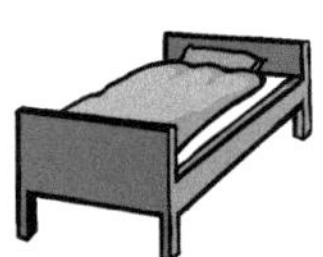

ლოგინი

ложак

ცოცხი

венік

სათლი

вядро

გადამრთველი

выключальнік

მისაღები ოთახი

жылы пакой

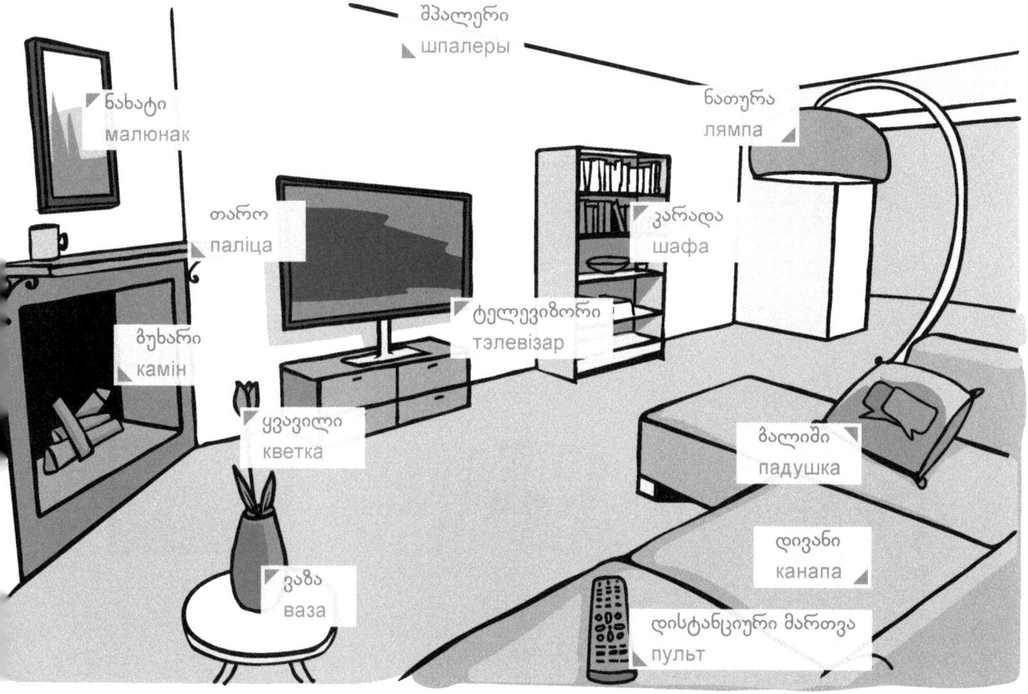

შპალერი
шпалеры

ნახატი
малюнак

ნათურა
лямпа

თარო
паліца

კარადა
шафа

ტელევიზორი
тэлевізар

ბუხარი
камін

ყვავილი
кветка

ბალიში
падушка

დივანი
канапа

ვაზა
ваза

დისტანციური მართვა
пульт

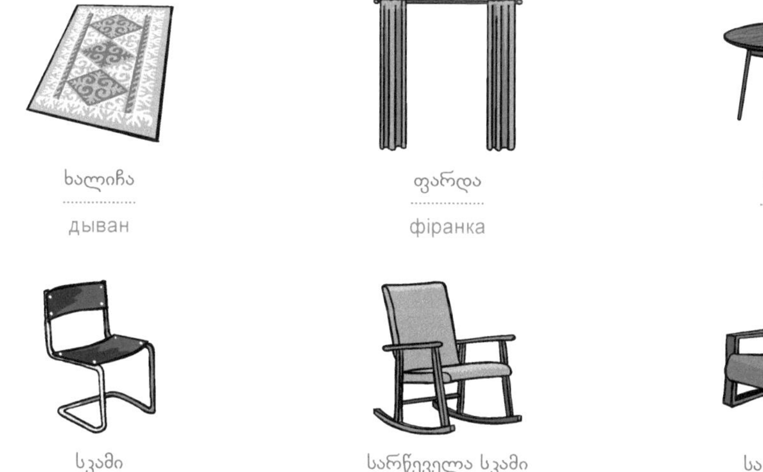

ხალიჩა
дыван

ფარდა
фіранка

მაგიდა
стол

სკამი
крэсла

სარწეველა სკამი
крэсла-качалка

სავარძელი
крэсла

წიგნი

книга

საბანი

коўдра

დეკორაცია

дэкарацыя

შეშა

дровы

ფილმი

кіно

hi-fi მოწყობილობები

стэрэасістэма

გასაღები

ключ

გაზეთი

газета

ფერწერა

карціна

პლაკატი

постар

რადიო

радыё

ბლოკნოტი

нататнік

მტვერსასრუტი

пыласос

კაქტუსი

кактус

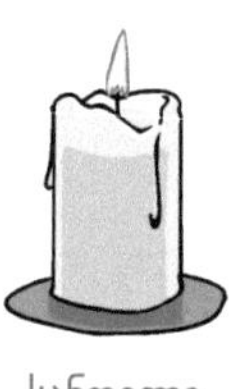

სანთელი

свечка

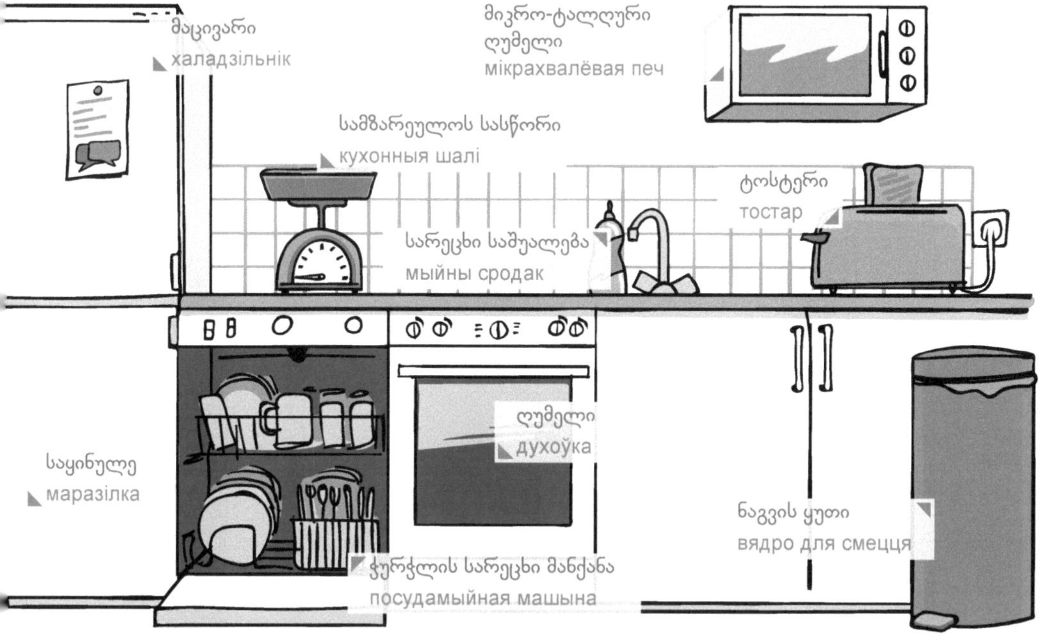

სამზარეულო

кухня

მაცივარი
халадзільнік

მიკრო-ტალღური ღუმელი
мікрахвалёвая печ

სამზარეულოს სასწორი
кухонныя шалі

ტოსტერი
тостар

სარეცხი საშუალება
мыйны сродак

ღუმელი
духоўка

საყინულე
маразілка

ნაგვის ყუთი
вядро для смецця

ჭურჭლის სარეცხი მანქანა
посудамыйная машына

გაზქურა
пліта

ქოთანი
рондаль

თუჯის ქვაბი
чыгунок

ტაფა ამობერილი ფსკერით
Вок / кадаі

ტაფა
патэльня

ჩაიდანი
чайнік

ორთქლსახარში

параварка

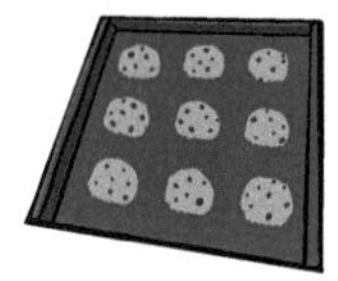

საცხობი ლანგარი

бляха

ჭურჭელი

посуд

კათხა

кубак

თასი

міска

ჩინური ჩხირები

палачкі для ежы

ჩამჩა

чарпак

ფითხი

лапатачка

სათქვეფელა

збівалка

საწური

сіта для варэння

საცერი

сіта

სახეხი

тарка

სანაყი

ступка

გრილი

грыль

კოცონი

вогнішча

დაფა

дошка

საგორავი

качалка

ბურღი

штопар

ქილა

бляшанка

ქილის გასახსნელი

адкрывалка

ქოთნის დამჭერი

прыхваткі

ნიჟარა

ракавіна

ფუნჯი

шчотка

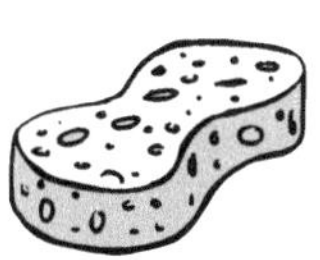

ღრუბელი

губка

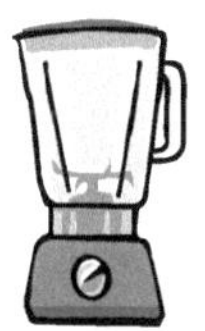

ბლენდერი

міксер

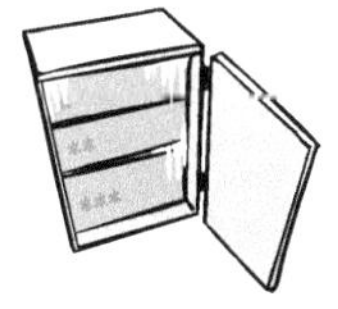

საყინულე კამერა

маразільная камера

საბავშვო ბოთლი

бутэлечка

ონკანი

вадаправодны кран

აბაზანა

ванная

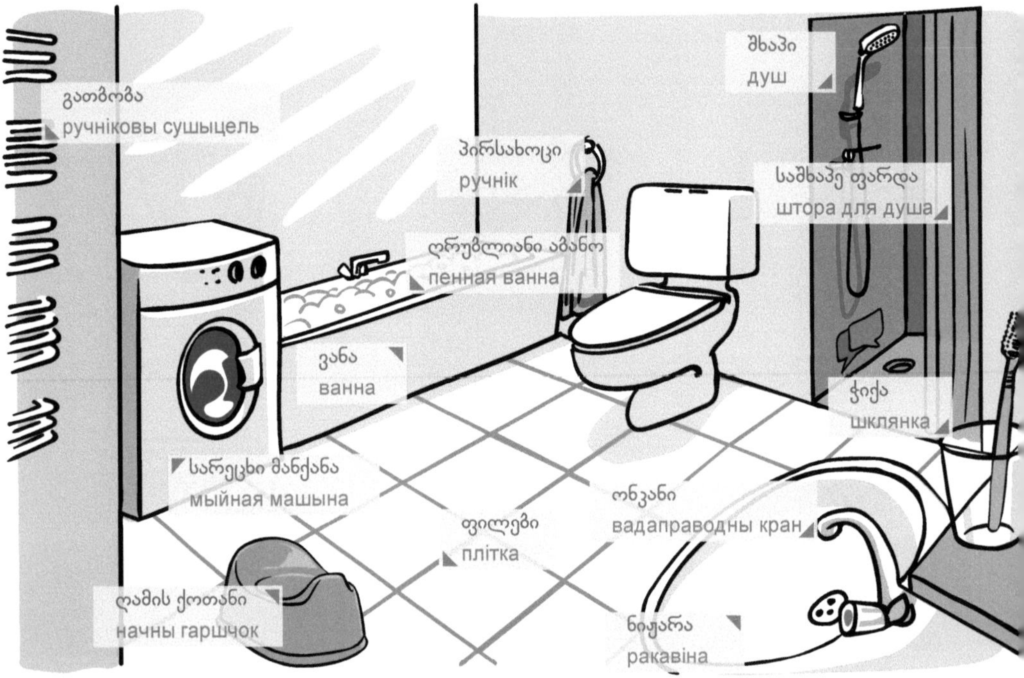

გათბობა
ручніковы сушыцель

შხაპი
душ

პირსახოცი
ручнік

საშხაპე ფარდა
штора для душа

ღრუბლიანი აბანო
пенная ванна

ვანა
ванна

ჭიქა
шклянка

სარეცხი მანქანა
мыйная машына

ონკანი
вадаправодны кран

ფილები
плітка

ღამის ქოთანი
начны гаршчок

ნიჟარა
ракавіна

ტუალეტი
туалет

იატაკის ტუალეტი
падлогавы ўнітаз

ბიდე
бідэ

კედლის პისუარი
пісуар

ტუალეტის ქაღალდი
туалетная папера

ტუალეტის ჯაგრისი
шчотка для чысткі ўнітаза

კბილის ჯაგრისი

зубная шчотка

კბილის პასტა

зубная паста

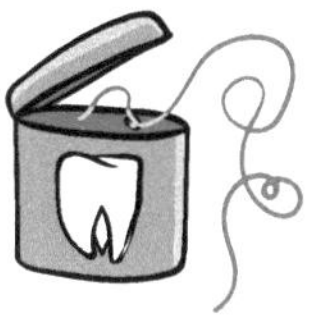

კბილის ძაფი

зубная нітка

რეცხვა

мыць

ხელის შხაპი

ручны душ

ინტიმური შხაპი

інтымны душ

ტაშტი

умывальнік

ზურგის სახეხი ფუნჯი

шчотка для спіны

საპონი

мыла

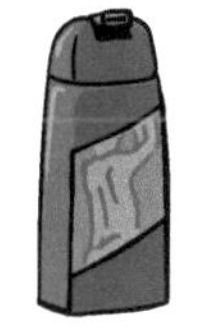

შხაპის გელი

гель для душа

შამპუნი

шампунь

ნეჭა

вяхотка

სანიაღვრე

вадасцёк

კრემი

крэм

დეოდორანტი

дэзадарант

სარკე

люстэрка

ხელის სარკე

касметычнае люстэрка

ბრიტვა

станок для галення

საპარსი ქაფი

пена для галення

საშუალება გაპარსვის შემდეგ

ласьён пасля галення

სავარცხელი

грэбень

ჯაგრისი

шчотка

თმის საშრობი

фен

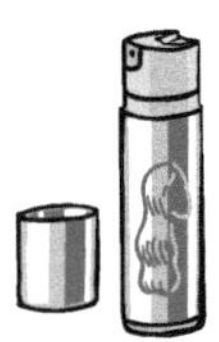

თმის ლაქი

лак для валасоў

კოსმეტიკა

касметыка

ტუჩების პომადა

памада

ფრჩხილის ლაქი

лак для пазногцяў

ბამბა

вата

ფრჩხილის მაკრატელი

манікюрныя нажніцы

სუნამო

духі

კოსმეტიკის ჩანთა

касметычка

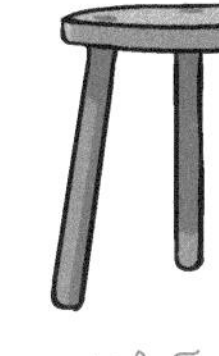

ტაბურეტი

табурэтка

სასწორი

вагі

სააბაზანო ხალათი

лазневы халат

რეზინის ხელთათმანები

санітарныя пальчаткі

ტამპონი

тампон

სანიტარული პირსახოცი

гігіенічныя пракладкі

ბიო-ტუალეტი

біятуалет

საბავშვო ოთახი

дзіцячы пакой

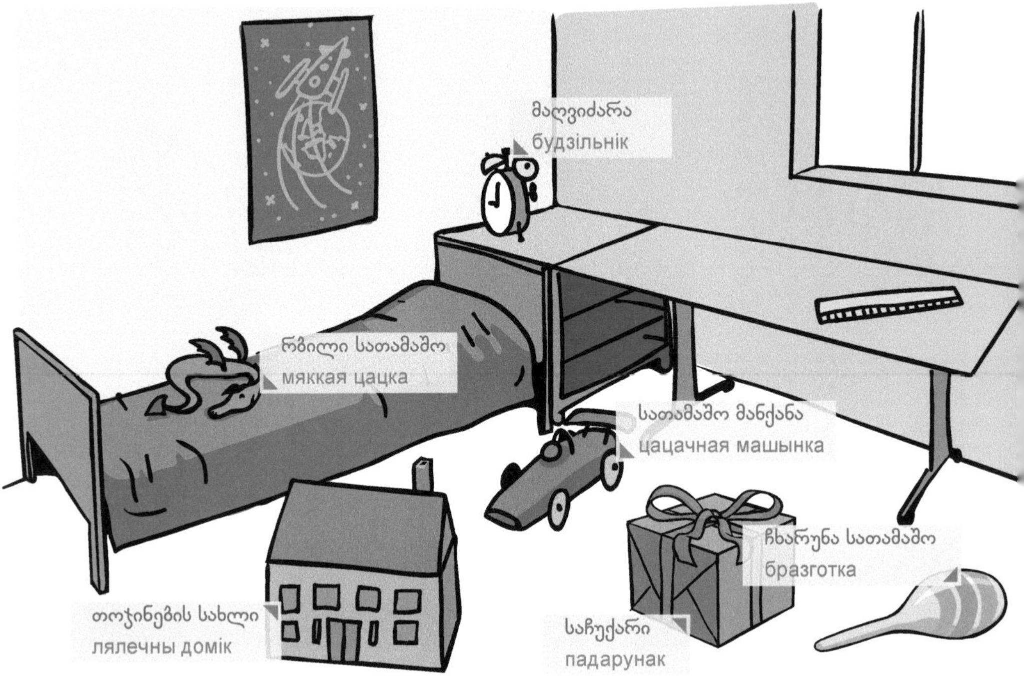

მაღვიძარა
будзільнік
რბილი სათამაშო
мяккая цацка
სათამაშო მანქანა
цацачная машынка
ჩხარუნა სათამაშო
бразготка
თოჯინების სახლი
лялечны домік
საჩუქარი
падарунак

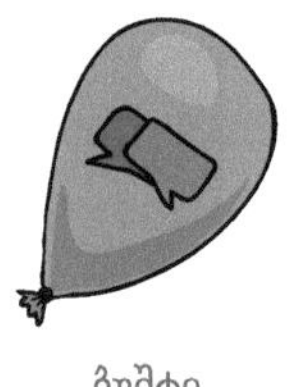

ბუშტი

надзіманы шарык

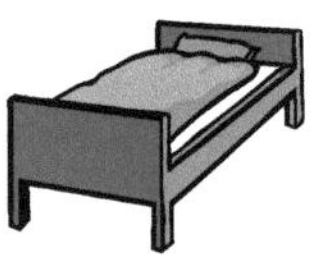

ლოგინი

ложак

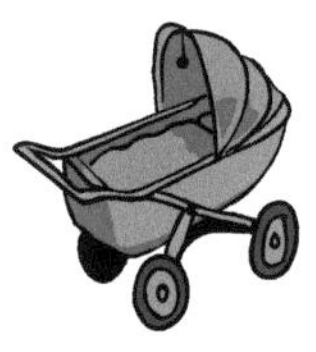

საბავშვო ეტლი

дзіцячая каляска

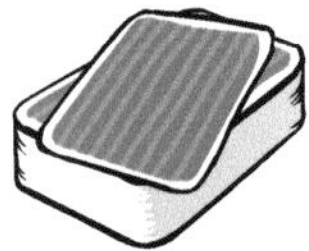

კარტის თამაში

калода картаў

პაზლი

пазл

SUPER
MEGA

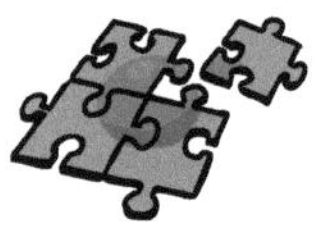

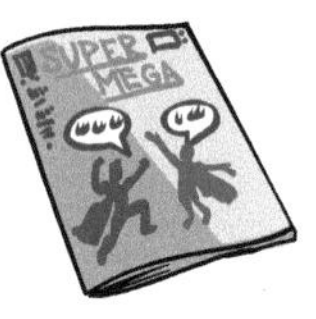

კომიკსი

комікс

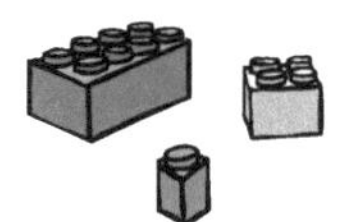

ლეგოს აგურები

канструктар "Лега"

ასაშენებელი კუბიკები

канструктар

სათამაშო ფიგურა

экшэн-фігурка

საცოცავი

дзіцячы гарнітур

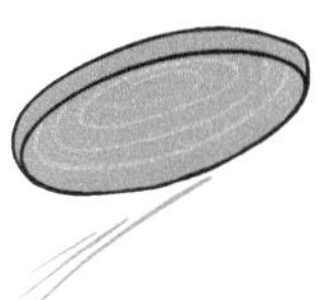

ფრისბი

фрызбі

მობილე

дзіцячы мабіль

სამაგიდო თამაში

настольная гульня

კამათელი

кубік

რკინიგზის მოდელი

дзіцячая чыгунка

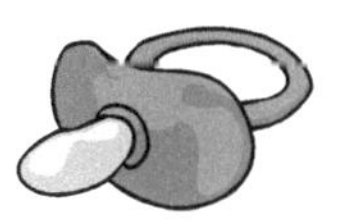

საწოვარა

пустышка

წვეულება

дзіцячае свята

წიგნი ნახატებით

кніга з малюнкамі

ბურთი

мячык

თოჯინა

лялька

თამაში

гуляцца

საქვიშარი

пясочніца

საქანელა

арэлі

სათამაშოები

цацкі

ვიდეო თამაშის კონსოლი

гульнявая відэа прыстаўка

სამთვლიანი ველოსიპედი

трохколавы ровар

დათუნია

плюшавы мішка

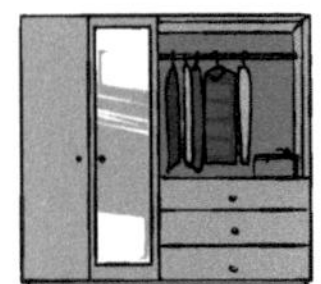

გარდეროზი

шафа

ტანსაცმელი

адзенне

წინდები

шкарпэткі

ჩულქები

панчохі

კოლგოტები

калготкі

შარფი
шалік

ქოლგა
парасон

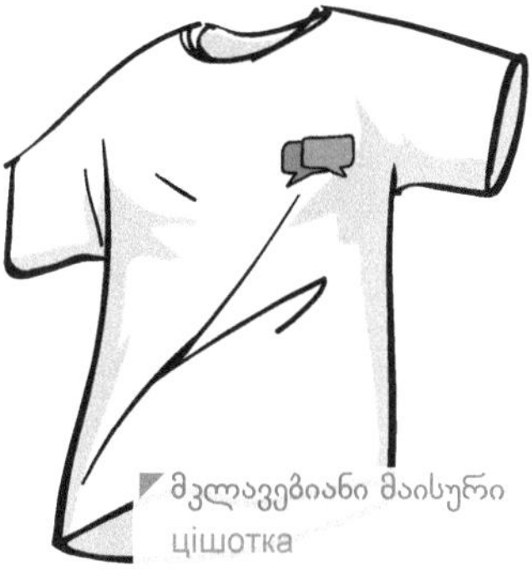

მკლავებიანი მაისური
цішотка

ქამარი
рамень

ფეხსაცმელი
боты

ჩუსტები
пантоплі

ბოტასები
красоўкі

სანდლები
сандалі

ფეხსაცმელი
абутак

რეზინის ჩექმები
гумовыя боты

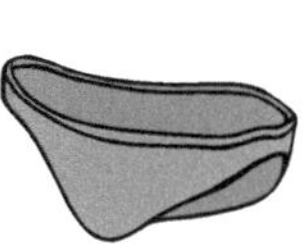

ტრუსები
трусы

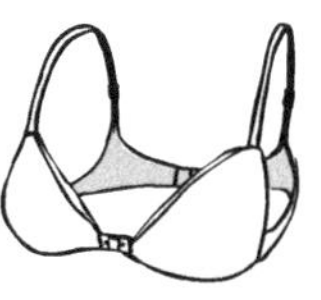

ბიუსჰალტერი
бюстгальтар

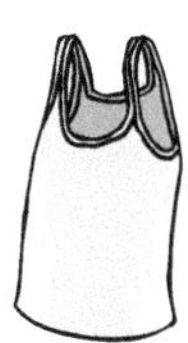

მაისური
майка

სხეული

бодзі

შარვალი

штаны

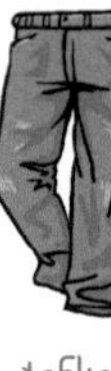

ჯინსი

джынсы

ქვედაკაბა

спадніца

ბლუზი

блузка

პერანგი

кашуля

სვიტრი

джэмпер

კაპიუშონიანი ჟაკეტი

талстоўка

სპორტული ქურთუკი

блэйзер

ჟაკეტი

куртка

პალტო

паліто

საწვიმარი

дажджавік

კოსტუმი

касцюм

კაბა

сукенка

საქორწილო კაბა

вясельная сукенка

კაცის კოსტიუმი

касцюм

ღამის პერანგი

начная сарочка

პიჟამოები

піжама

სარი

сары

თავშალი

хустка

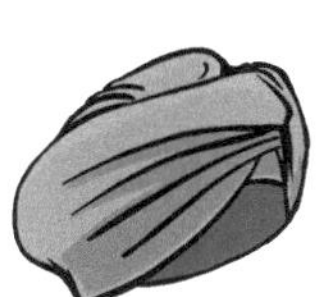

ტურბანი

цюрбан

ჩადრი

паранджа

ხიფთანი

каптан

აბაია

Абая

საცურაო კოსტუმი

купальнік

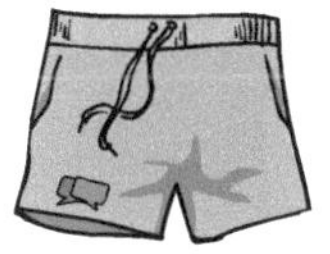

ჩემოდნები

плаўкі

შორტები

шорты

სპორტული კოსტიუმი

спартыўны касцюм

წინსაფარი

фартух

ხელთათმანები

пальчаткі

ღილი
гузік

სათვალეები
акуляры

სამაჯური
бранзалет

ყელსაბამი
караліі

ბეჭედი
кальцо

საყურე
завушніца

კეპი
кепка

საკიდი
вешалка

ქუდი
капялюш

ჰალსტუხი
гальштук

ელვა-შესაკრავის შეკვრა
маланка

ჩაფხუტი
шлем

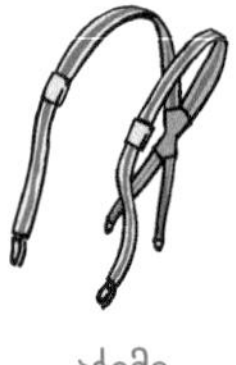

აჭიმი
падцяжкі

სკოლის ფორმა
школьная форма

ფორმა
уніформа

ბავშვის წინსაფარი

нагруднік

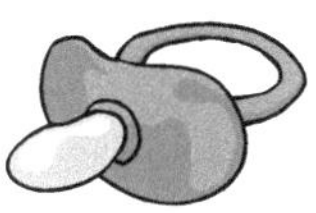

საწოვარა

пустышка

პამპერსი

падгузнік

ოფისი

офіс

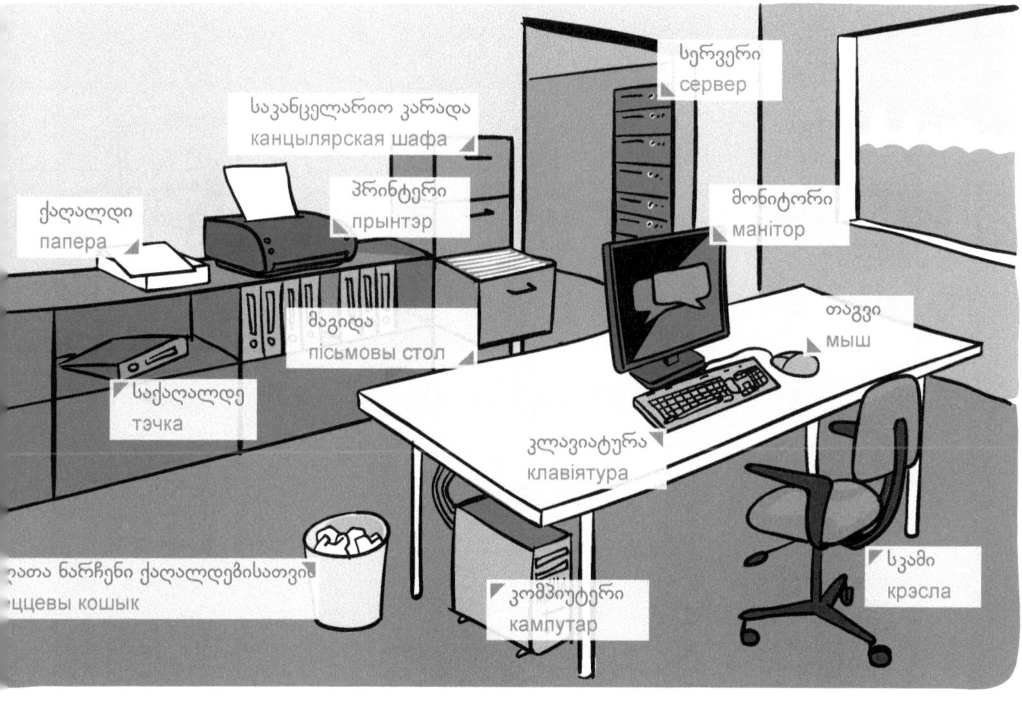

სერვერი
сервер

საკანცელარიო კარადა
канцылярская шафа

პრინტერი
прынтэр

ქაღალდი
папера

მონიტორი
манітор

მაგიდა
пісьмовы стол

თაგვი
мыш

საქაღალდე
тэчка

კლავიატურა
клавіятура

ათა ნარჩენი ქაღალდებისათვის
ццевы кошык

კომპიუტერი
кампутар

სკამი
крэсла

ყავის ფინჯანი

бак для кавы (філіжанка)

კალკულატორი

калькулятар

ინტერნეტი

інтэрнэт

ლეპტოპი

ноўтбук

წერილი

ліст

მესიჯი

паведамленне

მობილური ტელეფონი

мабільны тэлефон

ქსელი

сетка

სკანერი

ксеракс

პროგრამული უზრუნველყოფა

праграмнае забеспячэнне

ტელეფონი

тэлефон

როზეტი

разетка

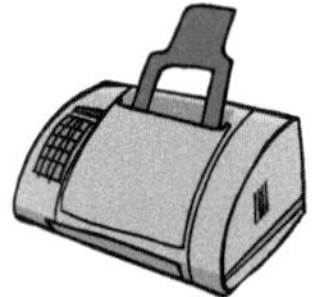

ფაქსის მანქანა

факс

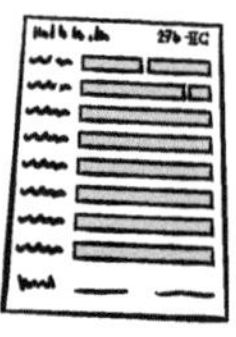

ფორმულარი

фармуляр

დოკუმენტი

дакумент

ეკონომიკა

эканоміка

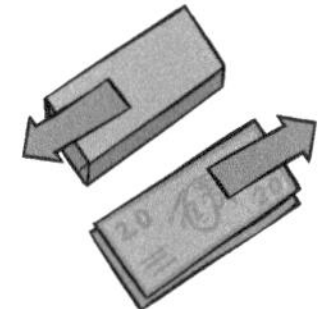

ყიდვა

купляць

გადახდა

плаціць

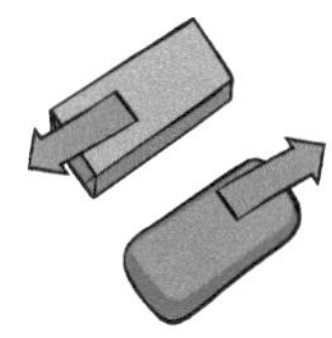

ვაჭრობა

гандляваць

ფული

грошы

დოლარი

долар

ევრო

еўра

იენი

ена

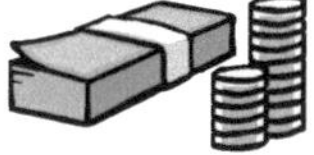

რუბლი

рубель

შვეიცარული ფრანკი

франк

ჟენმინბი იუანი

кітайскі юань

რუპი

рупія

ბანკომატი

банкамат

ვალუტის გადაცვლის პუნქტი

абменны пункт

ოქრო

золата

ვერცხლი

срэбра

ნავთობი

нафта

ენერგია

энергія

ფასი

цана

ხელშეკრულება

кантракт

გადასახადი

падатак

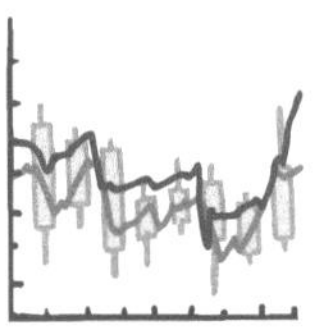

აქცია

акцыя

მუშაობა

працаваць

თანამშრომელი

служачы

დამსაქმებელი

працадаўца

ქარხანა

фабрыка

მაღაზია

крама

პროფესიები

прафесіі

პოლიციის ოფიცერი

паліцыянт

მეხანძრე

пажарны

მზარეული

кухар

ექიმი

доктар

მფრინავი

пілот

მებაღე

садоўнік

დურგალი

слесар

თეთრეულის მკერავი ქალბატონი

швачка

მოსამართლე

суддзя

ქიმიკოსი

хімік

მსახიობი

артыст

ავტობუსის მძღოლი

кіроўца аўтобуса

ტაქსის მძღოლი

таксіст

მეთევზე

рыбак

დამლაგებელი ქალბატონი

прыбіральшчыца

სახურავის ოსტატი

страхар

მიმტანი

афіцыянт

მონადირე

паляўнічы

ფერმწერი

мастак

მცხობელი

пекар

ელექტრიკოსი

электрык

მშენებელი

будаўнік

ინჟინერი

інжынер

ყასაბი

мяснік

სანტექნიკოსი

сантэхнік

ფოსტალიონი

паштальён

ჯარისკაცი

салдат

არქიტექტორი

архітэктар

მოლარე

касір

ფლორისტი

фларыст

პარიკმახერი

цырульнік

კონდუქტორი

кандуктар

მექანიკოსი

механік

კაპიტანი

капітан

სტომატოლოგი

стаматолаг

მეცნიერი

вучоны

რაბინი

рабін

იმამი

імам

ბერი

манах

სასულიერო პირი

святар

იარაღები

інструменты

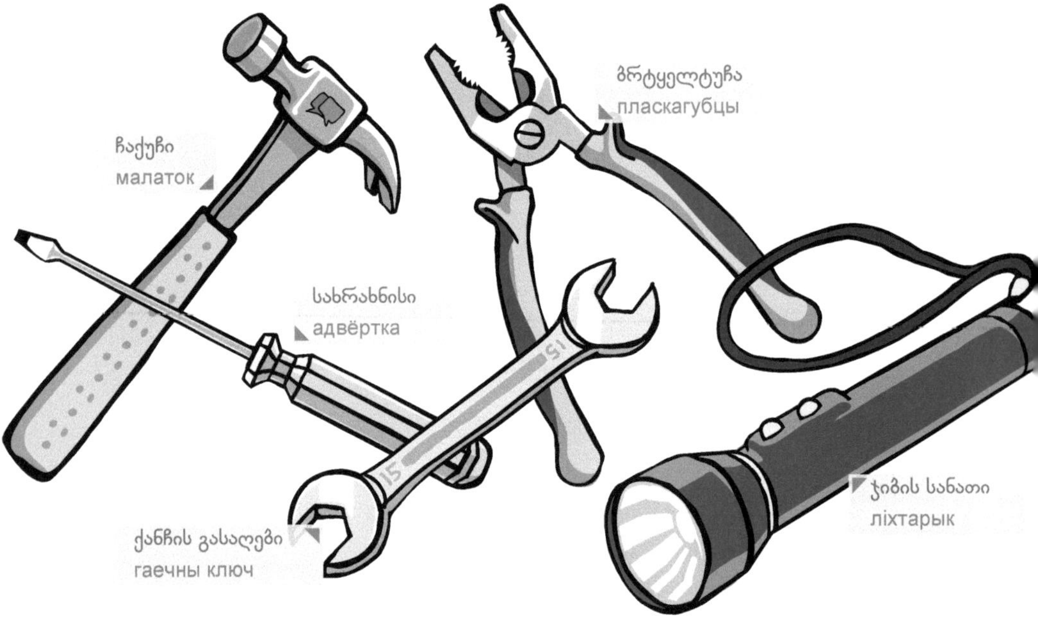

ჩაქუჩი
малаток

ბრტყელტუჩა
пласкагубцы

სახრახნისი
адвёртка

ქანჩის გასაღები
гаечны ключ

ჯიბის სანათი
ліхтарык

ექსკავატორი

экскаватар

იარაღების ყუთი

скрыня для інструментаў

კიბე

дравіны

ხერხი

піла

ლურსმები

цвікі

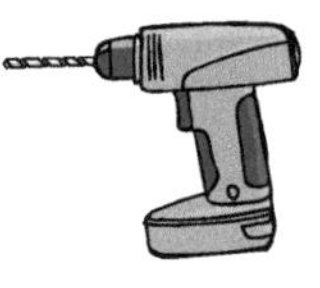

საბურღი

дрыль

შეკეთება

рамантаваць

ნიჩაბი

рыдлеўка

ანდაბა!

Халера!

აქანდაზი

шуфлік для смецця

საღებავის ქოთანი

вядро з фарбаю

ხრახნები

балты

მუსიკალური ინსტრუმენტები

музычныя інструменты

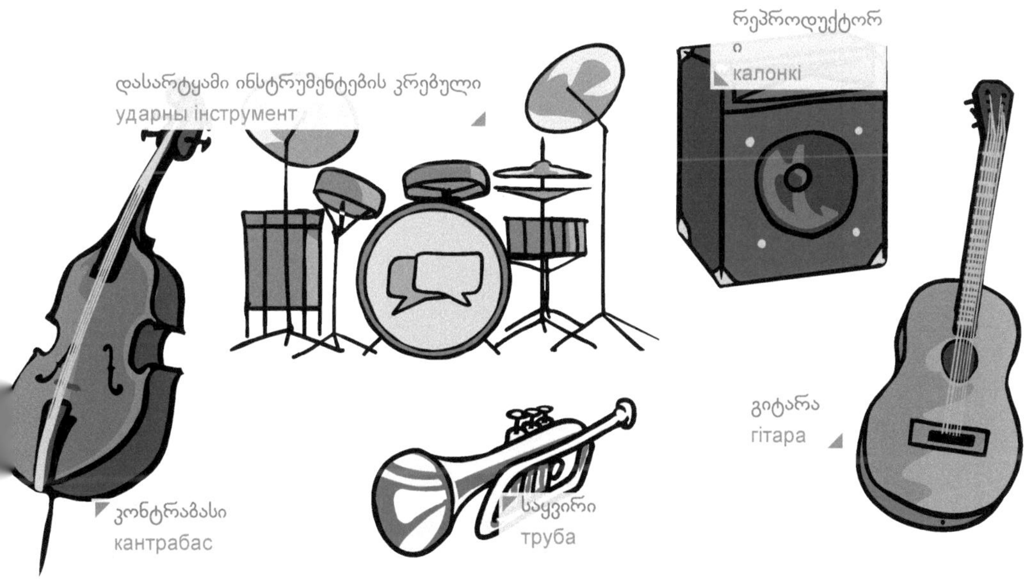

რეპროდუქტორი

калонкі

დასარტყამი ინსტრუმენტების კრებული

ударны інструмент

გიტარა

гітара

კონტრაბასი

кантрабас

საყვირი

труба

ფორტეპიანო

піяніна

ვიოლინო

скрыпка

ბასი

басгітара

ტიმპანონი

літаўры

დასარტყამები

барабан

კლავიშები

клавішны электрамузычны інструмент

საქსოფონი

саксафон

ფლეიტა

флейта

მიკროფონი

мікрафон

ზოოპარკი

заапарк

ვეფხვი
тыгр

შესასვლელი
уваход

გალია
клетка

ზებრა
зебра

ცხოველთა საკვები
корм для жывёл

პანდა
панда

ცხოველები
....
жывёлы

სპილო
....
слон

კენგურუ
....
кенгуру

მარტორქა
....
насарог

გორილა
....
гарыла

დათვი
....
мядзведзь

აქლემი

вярблюд

სირაქლემა

стравус

ლომი

леў

მაიმუნი

малпа

ფლამინგო

фламінга

თუთიყუში

папугай

პოლარული დათვი

белы мядзведзь

პინგვინი

пінгвін

ზვიგენი

акула

ფარშევანგი

паўлін

გველი

змяя

ნიანგი

кракадзіл

ზოოპარკის მფლობელი

наглядчык заапарка

სელაპი

цюлень

იაგუარი

ягуар

პონი

поні

ლეოპარდი

леапард

ბეჰემოტი

бегемот

ჟირაფი

жыраф

არწივი

арол

ტახი

дзік

თევზი

рыбак

კუ

чарапаха

მორჟი

морж

მელა

ліса

გაზელი

газель

სპორტი

спорт

მოქმედებები

дзейнасць

გადახტომა
скакаць

ჩახუტება
абдымаць

დაცინვა
смяяцца

სეირნობა
ісці

სიმღერა
спяваць

ოცნებობა
марыць

ლოცვა
маліцца

კოცნა
цалаваць

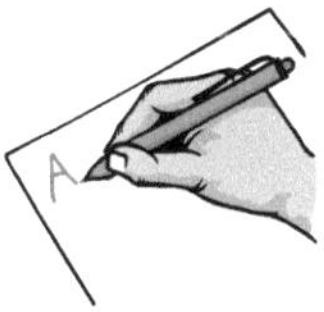

წერა
пісаць

დახატვა
маляваць

ჩვენება
паказваць

დაჭერა
націснуць

მიცემა
даваць

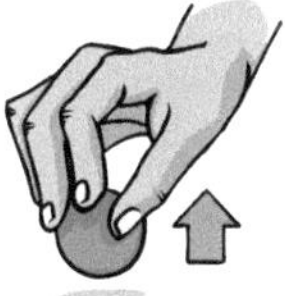

აღება
браць

ქონა

мацЬ

კეთება

выконваць

ყოფნა

быць

დგომა

стаяць

გარბენა

бегчы

მოქაჩვა

цягнуць

გადაყრა

кідаць

დაცემა

падаць

ტყუილის თქმა

ляжаць

მოცდენა

чакаць

ტარება

насіць

ჯდომა

сядзець

ჩაცმა

апранацца

ძილი

спаць

გაღვიძება

прачынацца

დათვალიერება

глядзець

ტირილი

плакаць

გაუთოება

лашчыць

დავარცხნა

прычэсвацца

ლაპარაკი

гаварыць

გაგება

разумець

შეკითხვა

пытаць

მოსმენა

чуць

დალევა

піць

ჭამა

есці

დალაგება

прыбіраць

ყვარება

кахаць

კერძების მზადება

гатаваць

სვლა

ехаць

ფრენა

лятаць

აფრის ქვეშ სიარული

плаваць пад ветразем

გამოთვლა

лічыць

წაკითხვა

чытаць

შესწავლა

вучыць

მუშაობა

працаваць

ქორწინება

уступаць у шлюб

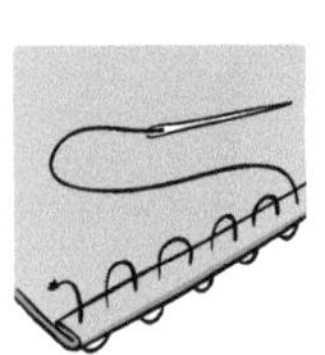

კერვა

шыць

კბილების ხეხვა

чысціць зубы

მოკვლა

забіваць

მოწევა

курыць

გაგზავნა

пасылаць

ოჯახი

сям'я

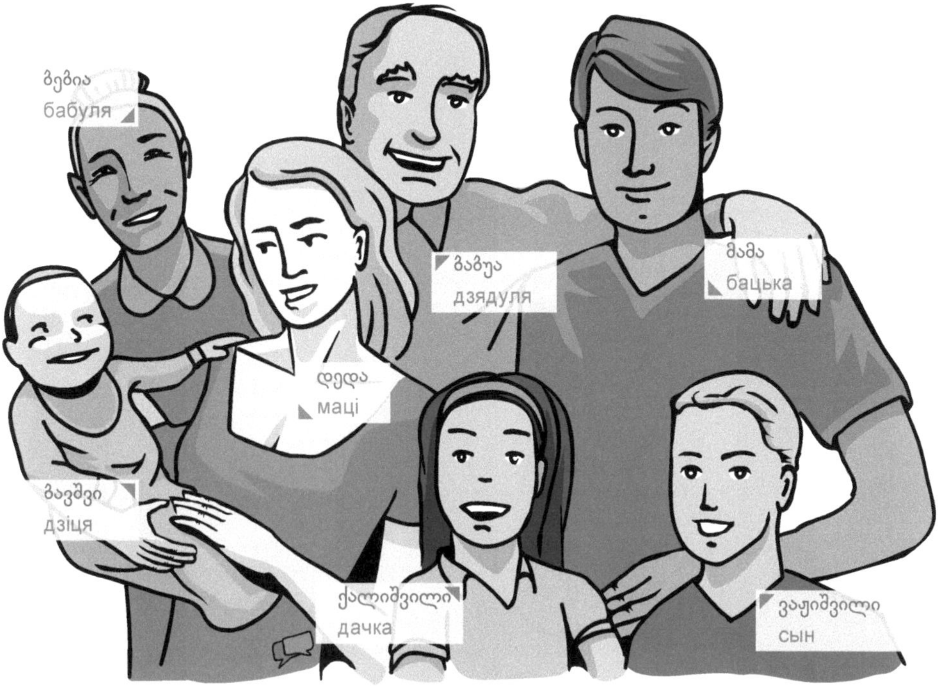

ბებია
бабуля
ბაბუა
дзядуля
მამა
бацька
დედა
маці
ბავშვი
дзіця
ქალიშვილი
дачка
ვაჟიშვილი
сын

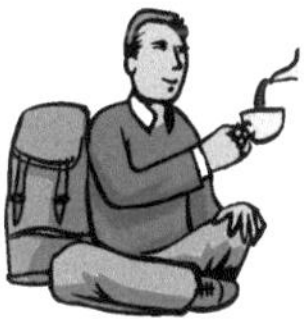

სტუმარი

госць

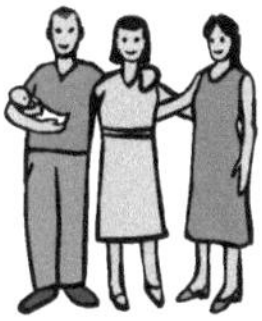

დეიდა

цётка

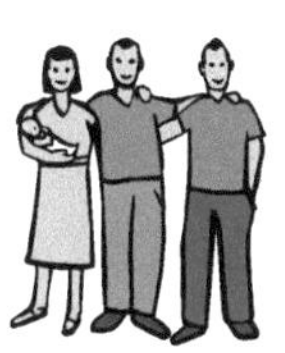

ბიძა

дзядзька

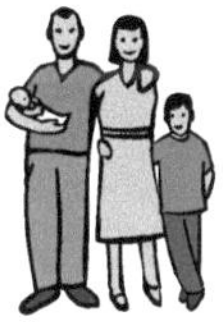

ძმა

брат

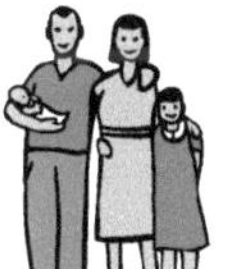

და

сястра

სხეული

цела

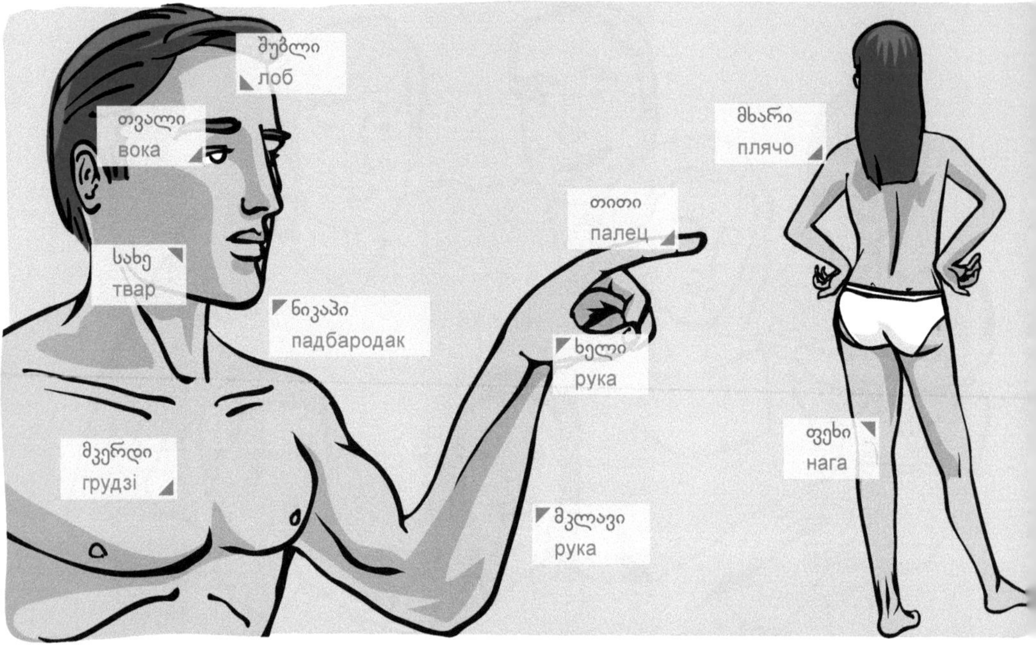

შუბლი
лоб

თვალი
вока

მხარი
плячо

თითი
палец

სახე
твар

ნიკაპი
падбародак

ხელი
рука

მკერდი
грудзі

ფეხი
нага

მკლავი
рука

ბავშვი
дзіця

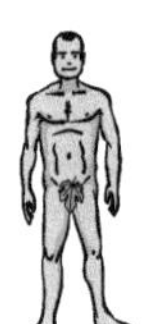

კაცი
мужчына

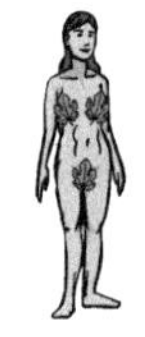

ქალი
жанчына

გოგო
дзяўчынка

ბიჭი
хлопчык

თავი
галава

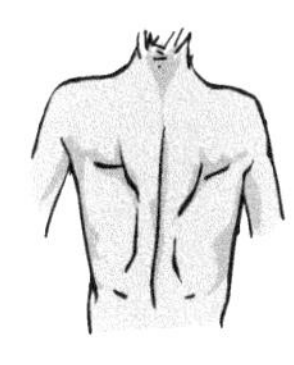

ზურგი

спіна

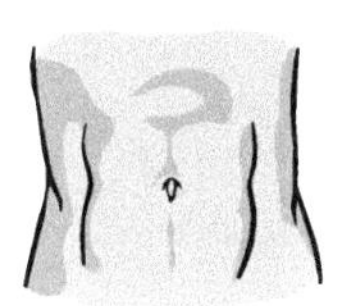

მუცელი

жывот

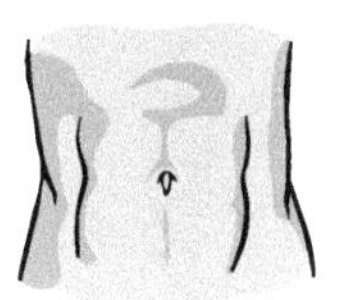

ჭიპი

пуп

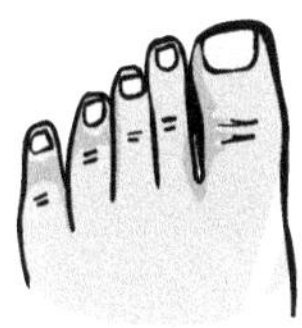

ფეხის თითი

палец нагі

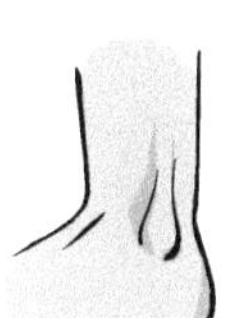

ქუსლი

пятка

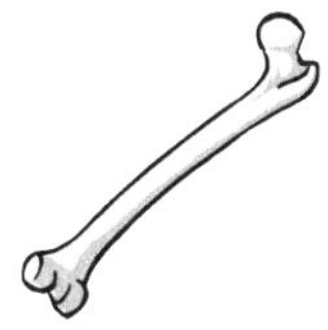

ძვალი

костка

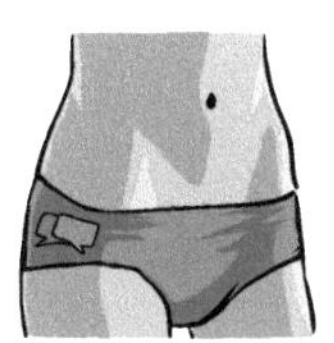

ბარძაყი

бядро

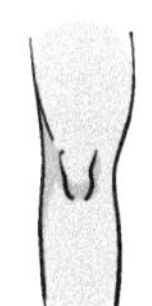

მუხლი

калена

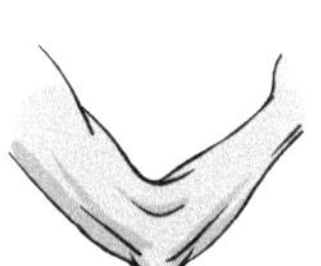

იდაყვი

локаць

ცხვირი

нос

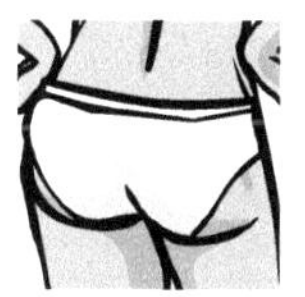

დუნდულა

ягадзіца

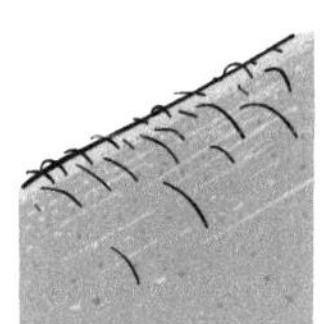

კანი

скура

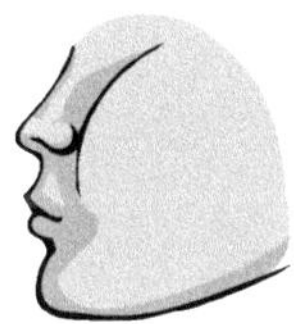

ლოყა

шчака

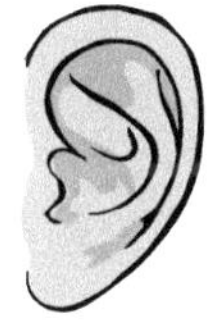

ყური

вуха

ტუჩი

губа

პირი

рот

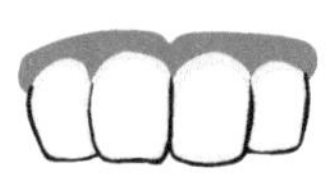

კბილი

зуб

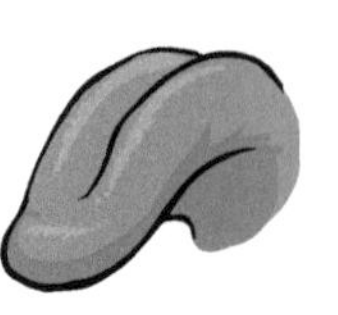

ენა

язык

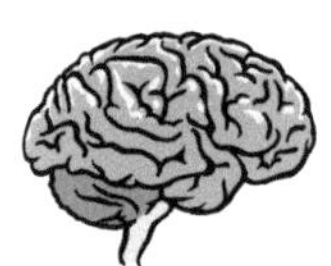

ტვინი

галаўны мозг

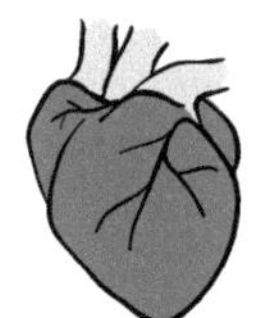

გული

сэрца

კუნთი

мышца

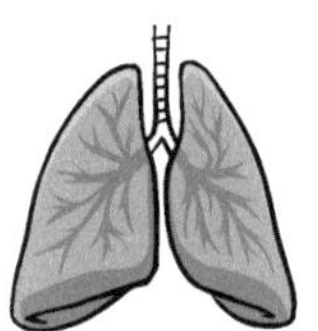

ფილტვი

лёгкае

ღვიძლი

пячонка

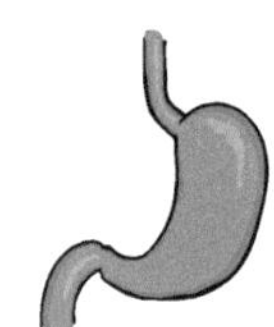

კუჭი

страўнік

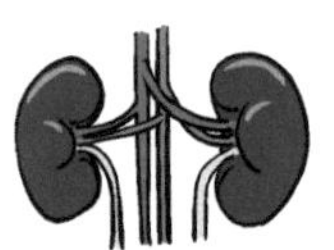

თირკმელები

ныркі

სექსი

сэкс

პრეზერვატივი

прэзерватыў

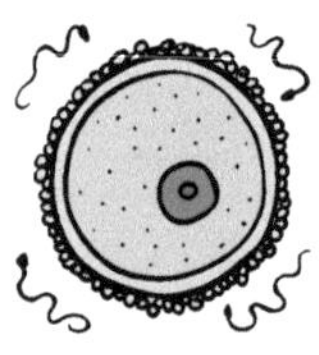

კვერცხუჯრედი

яйцаклетка

სპერმა

сперма

ორსულობა

цяжарнасць

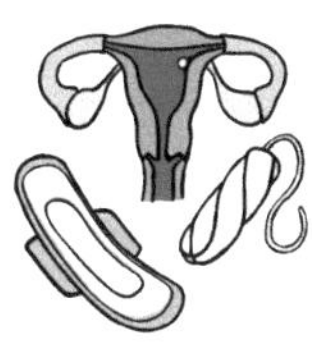

მენსტრუაცია

менструацыя

საშო

похва

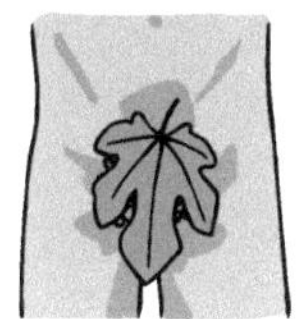

პენისი

пеніс

წარბი

брыво

თმა

валасы

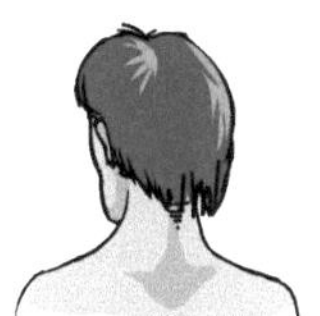

კისერი

шыя

საავადმყოფო

шпіталь

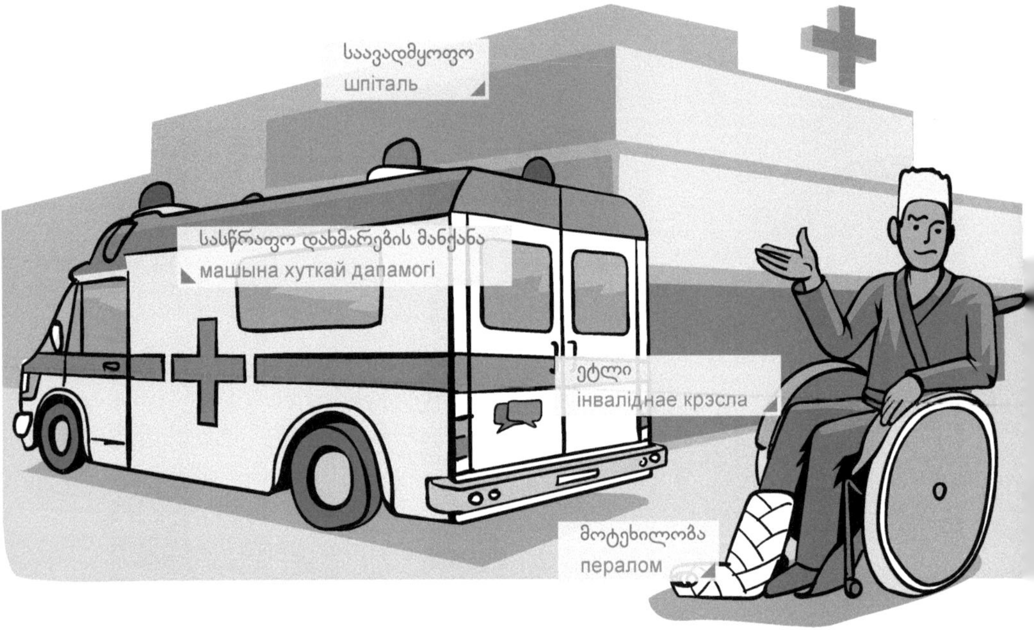

საავადმყოფო
шпіталь

სასწრაფო დახმარების მანქანა
машына хуткай дапамогі

ეტლი
інваліднае крэсла

მოტეხილობა
пералом

ექიმი

доктар

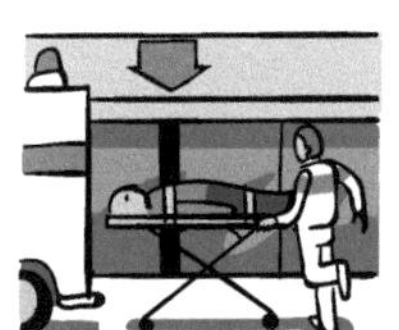

პირველი დახმარების ოთახი

аддзяленне першай дапамогі

მედდა

медсястра

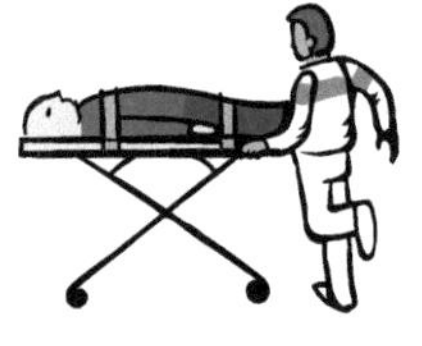

გადაუდებელი შემთხვევა

экстраная дапамога

უგონოდ მყოფი

непрытомны

ტკივილი

боль

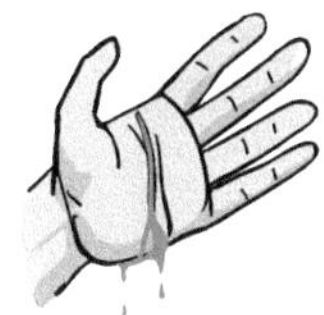

დაზიანება

траўма

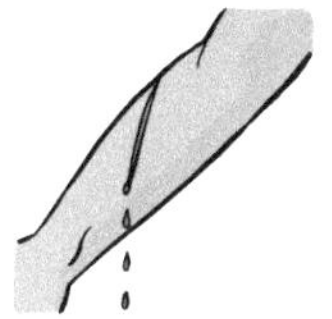

სისხლდენა

крывацёк

გულის შეტევა

інфаркт

ინსულტი

апаплексія

ალერგია

алергія

ხველა

кашаль

ცხელება

гарачка

გრიპი

грып

დიარეა

панос

თავის ტკივილი

галаўны боль

კიბო

рак

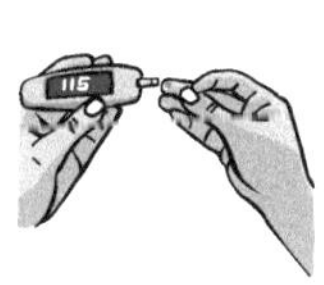

დიაბეტი

дыябет

ქირურგი

хірург

სკალპელი

скальпель

ოპერაცია

аперацыя

კტ

КТ

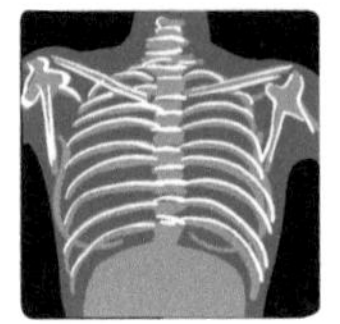

რენტგენი

рэнтген

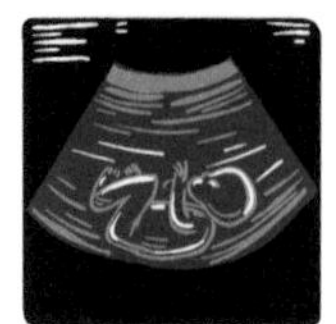

ულტრაბგერა

ультрагук

ნიღაბი

маска

დაავადება

хвароба

მოსაცდელი ოთახი

пачакальня

ყავარჯენი

мыліца

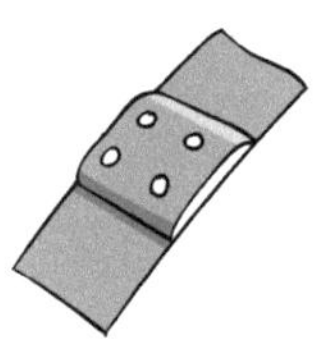

თაბაშირი

пластыр

ბინტი

бінт

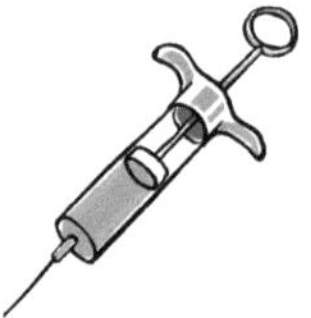

ინექცია

ін'екцыя

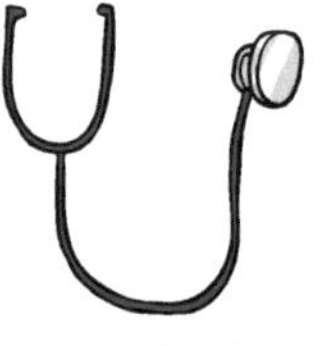

სტეტოსკოპი

стэтаскоп

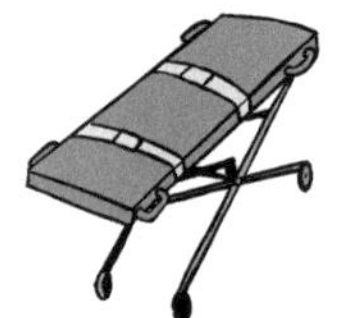

საკაცე

насілкі

თერმომეტრი

градуснік

დაბადება

нараджэнне

ჭარბი წონა

лішняя вага

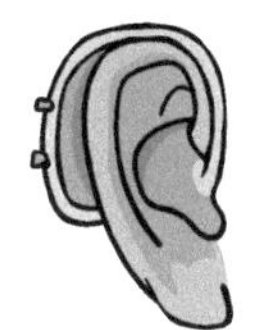

სმენის აპარატი

слухавы апарат

სადეზინფექციო საშუალება

дэзінфекцыйны сродак

ინფექცია

інфекцыя

ვირუსი

вірус

აივ / შიდსი

ВІЧ/СНІД

წამალი

лекі

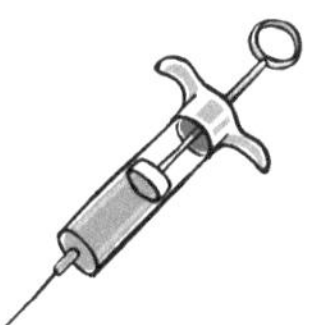

ვაქცინაცია

прышчэпка

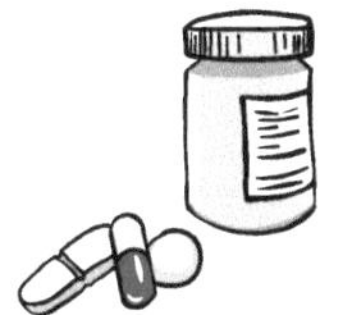

ტაბლეტები

таблеткі

აბი

супрацьзачаткавая таблетка

გადაუდებელი გამოძახება

экстраны выклік

წნევის საზომი აპარატი

танометр

ავადმყოფი / ჯანმრთელი

хворы / здаровы

გადაუდებელი შემთხვევა

экстраная дапамога

დამეხმარეთ!

Ратуйце!

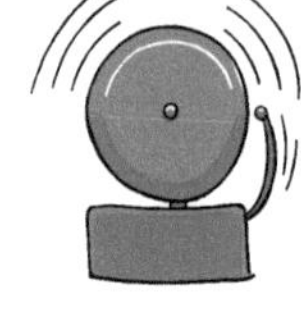

განგაში

сігналізацыя

თავდასხმა

напад

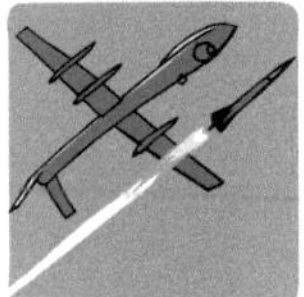

შეტევა

атака

საფრთხე

небяспека

სათადარიგო გასასვლელი

аварыйны выхад

ხანძარი!

Пажар!

ცეცხლსაქრობი

вогнетушыцель

უბედური შემთხვევა

аварыя

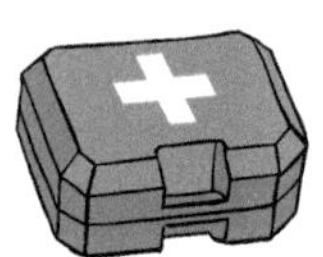

პირველადი დახმარების აფთიაქი

аптэчка

SOS

СОС

პოლიცია

паліцыя

ევროპა

Еўропа

ჩრდილოეთ ამერიკა

Паўночная Амерыка

სამხრეთ ამერიკა

Паўднёвая Амерыка

აფრიკა

Афрыка

აზია

Азія

ავსტრალია

Аўстралія

ატლანტიკა

Атлантычны акіян

წყნარი ოკეანე

Ціхі акіян

ინდოეთის ოკეანე

Індыйскі акіян

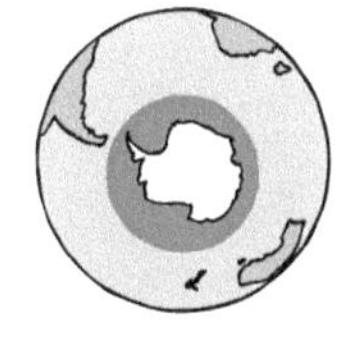

ანტარქტიკის ოკეანე

аўднёвы ледавіты акіян

ჩრდილოეთის ყინულოვანი ოკეანე

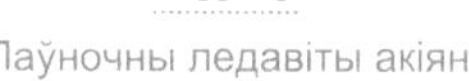

Паўночны ледавіты акіян

ჩრდილოეთ პოლუსი

Паўночны полюс

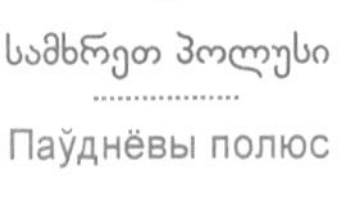

სამხრეთ პოლუსი

Паўднёвы полюс

ანტარქტიდა

Антарктыда

დედამიწა

Зямля

ხმელეთი

краіна

ზღვა

мора

კუნძული

востраў

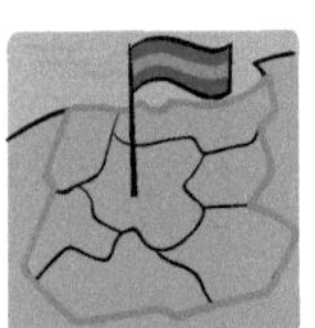

ერი

нацыя

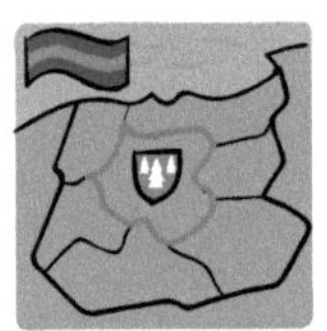

სახელმწიფო

дзяржава

ციფერბლატი

цыферблат

საათების ისარი

гадзінная стрэлка

წუთების ისარი

хвілінная стрэлка

წამების ისარი

секундная стрэлка

რომელი საათია?

Колькі часу?

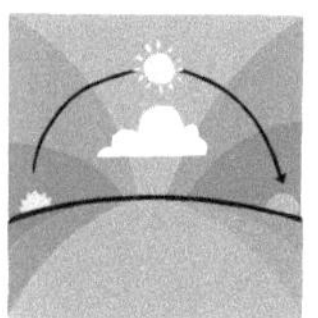

დღე

дзень

დრო

час

ახლა

зараз

ციფრული საათი

электронны гадзіннік

წუთი

хвіліна

საათი

гадзіна

კვირა

тыдзень

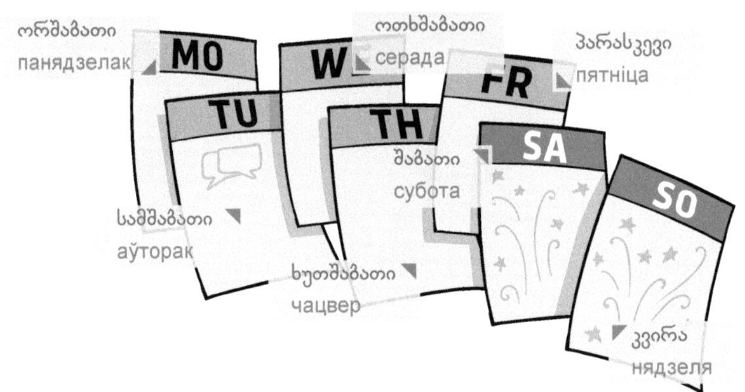

გუშინ

учора

დღეს

сёння

ხვალ

заўтра

დილა

раніца

შუადღე

абед

საღამო

вечар

MO	TU	WE	TH	FR	SA	SU
1	2	3	4	5	6	7
8	9	10	11	12	13	14
15	16	17	18	19	20	21
22	23	24	25	26	27	28
29	30	31	1	2	3	4

სამუშაო დღეები

працоўныя дні

MO	TU	WE	TH	FR	SA	SU
1	2	3	4	5	6	7
8	9	10	11	12	13	14
15	16	17	18	19	20	21
22	23	24	25	26	27	28
29	30	31	1	2	3	4

შაბათი-კვირა

выхадныя

წვიმა
дождж

ცისარტყელა
вясёлка

თოვლი
снег

ქარი
вецер

გაზაფხული
вясна

შემოდგომა
восень

ზაფხული
лета

ზამთარი
зіма

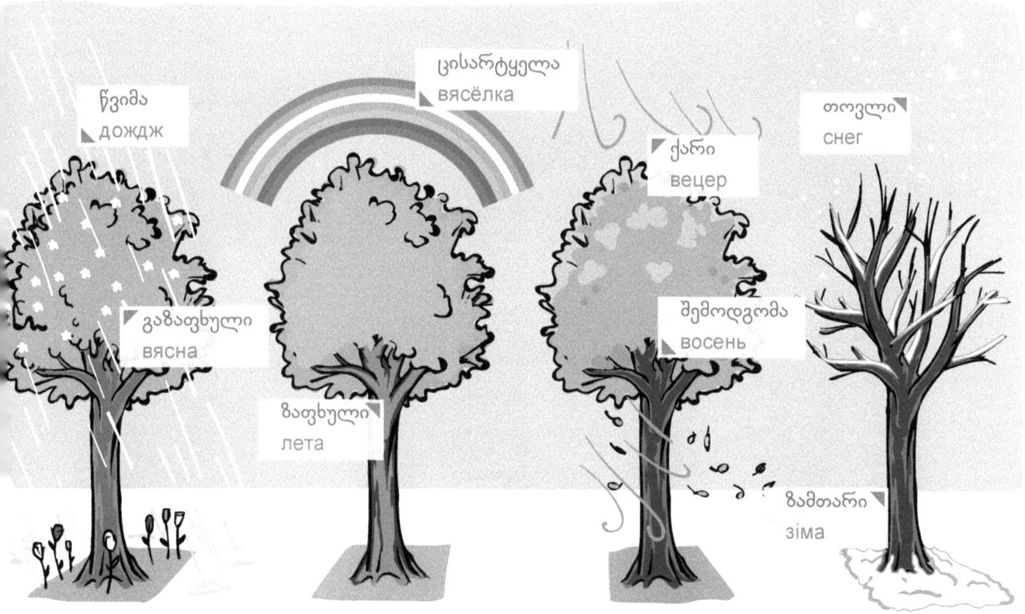

ამინდის პროგნოზი

прагноз надвор'я

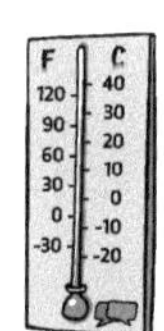

თერმომეტრი

градуснік

მზის სხივი

сонечнае святло

ღრუბელი

воблака

ნისლი

туман

ტენიანობა

вільготнасць паветра

ელვა

маланка

ქუხილი

гром

შტორმი

бура

სეტყვა

град

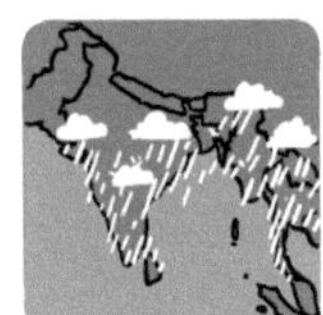

მუსონი

мусонны вецер

წყალდიდობა

прыліў

ყინული

лёд

იანვარი

студзень

თებერვალი

люты

მარტი

сакавік

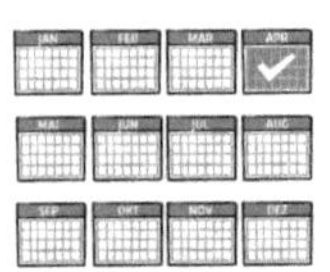

აპრილი

красавік

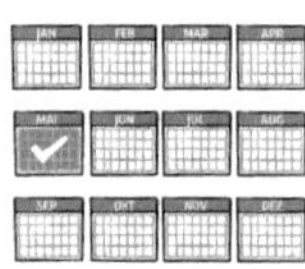

მაისი

май

ივნისი

чэрвень

ივლისი

ліпень

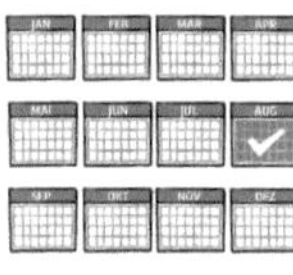

აგვისტო

жнівень

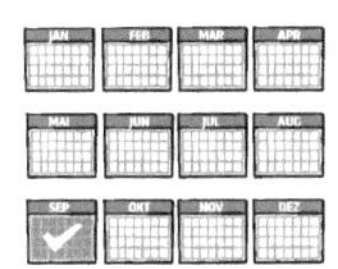

სექტემბერი

верасень

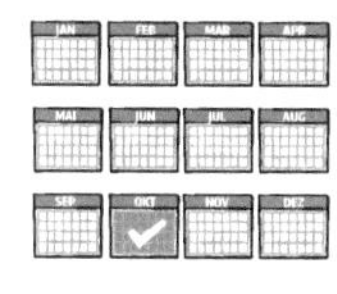

ოქტომბერი

кастрычнік

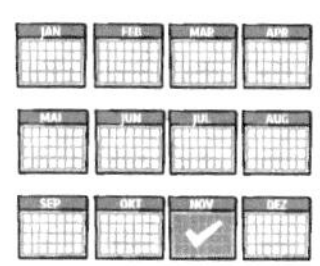

ნოემბერი

лістапад

დეკემბერი

снежань

ფორმები

формы

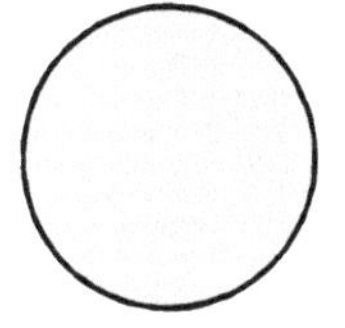

წრე

круг

კვადრატი

квадрат

მართკუთხედი

прамавугольнік

სამკუთხედი

трохвугольнік

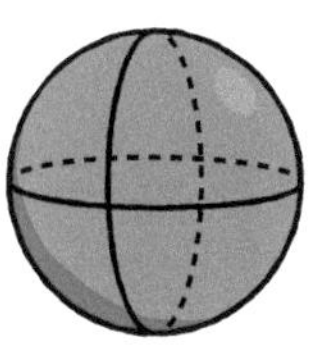

სფერო

шар

კუბი

куб

ფერები

колеры

თეთრი

белы

ყვითელი

жоўты

ნარინჯისფერი

аранжавы

ვარდისფერი

ружовы

წითელი

чырвоны

იისფერი

фіялетавы

ცისფერი

сіні

მწვანე

зялёны

ყავისფერი

карычневы

ნაცრისფერი

шэры

შავი

чорны

ბევრი / ცოტა

шмат / мала

გაბრაზებული / მშვიდი

злы / добры

ლამაზი / მახინჯი

прыгожы / брыдкі

დასაწყისი / დასასრული

пачатак / канец

დიდი / პატარა

высокі / малы

ნათელი / მუქი

светлы / цёмны

ძმა / და

сястра / брат

სუფთა / ჭუჭყიანი

чысты / брудны

სრული / არასრული

поўны / няпоўны

დღე / ღამე

дзень / ноч

მკვდარი / ცოცხალი

мёртвы / жывы

განიერი / ვიწრო

шырокі / вузкі

საჭმელად ვარგისი / საჭმელად უვარგისი

ядомы / неядомы

ბოროტი / კეთილი

злы / добры

შთამბეჭდავი / მოსაწყენი

узбуджаны / нудны

სქელი / თხელი

тоўсты / тонкі

პირველი / ბოლო

першы / апошні

მეგობარი / მტერი

сябар / вораг

სრული / ცარიელი

поўны / пусты

მყარი / რბილი

цвёрды / мяккі

მძიმე / მსუბუქი

важкі / лёгкі

მოშიებული / მწყურვალე

голад / смага

ავადმყოფი / ჯანმრთელი

хворы / здаровы

არალეგალური / ლეგალური

нелегальны / легальны

ინტელექტუალი / სულელი

разумны / дурны

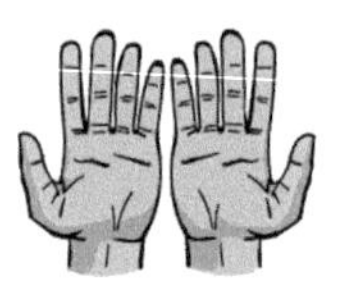

მარცხენა / მარჯვენა

левы / правы

ახლოს / შორს

побач / далёка

ახალი / გამოყენებული

новы / былы ва ўжыванні

არაფერი / რაღაცა

нічога / нешта

მოხუცი / ახალგაზრდა

стары / малады

ჩართვა / გამორთვა

укл / выкл

ღია / დახურული

адчынены / зачынены

ჩუმი / ხმამაღალი

ціхі / гучны

მდიდარი / ღარიბი

багаты / бедны

მართალი / მტყუანი

правільна / няправільна

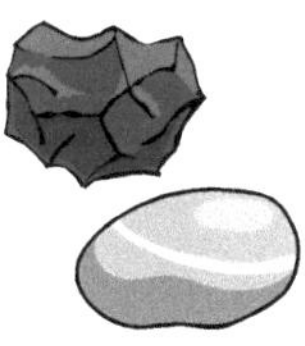

უხეში / გლუვი

шурпаты / гладкі

სევდიანი / ბედნიერი

сумны / шчаслівы

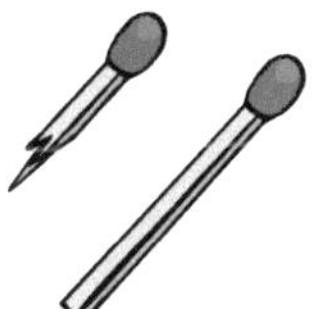

მოკლე / გრძელი

кароткі / доўгі

ნელი / სწრაფი

павольны / хуткі

სველი / მშრალი

вільготны / сухі

თბილი / გრილი

цёплы / халаднаваты

ომი / მშვიდობა

вайна / мір

რიცხვები

лічбы

0
ნული
нуль

1
ერთი
адзін

2
ორი
два

3
სამი
тры

4
ოთხი
чатыры

5
ხუთი
пяць

6
ექვსი
шэсць

7
შვიდი
сем

8
რვა
восем

9
ცხრა
дзевяць

10
ათი
дзесяць

11
თერთმეტი
адзінаццаць

12	13	14
თორმეტი	ცამეტი	თოთხმეტი
дванаццаць	трынаццаць	чатырнаццаць

15	16	17
თხუთმეტი	თექვსმეტი	ჩვიდმეტი
пятнаццаць	шаснаццаць	сямнаццаць

18	19	20
თვრამეტი	ცხრამეტი	ოცი
васямнаццаць	дзевятнаццаць	дваццаць

100	1.000	1.000.000
ასი	ათასი	მილიონი
сто	тысяча	мільён

ენები

мовы

ინგლისური

англійская

ამერიკული ინგლისური

англійская (Амерыка)

ჩინური მანდარინი

кітайская мандарынская

ჰინდი

хіндзі

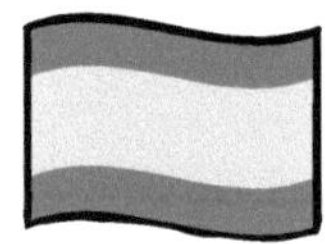

ესპანური

іспанская

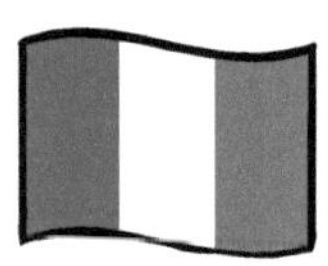

ფრანგული

французская

არაბული

арабская

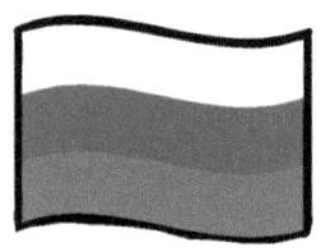

რუსული

руская

პორტუგალიური

партугальская

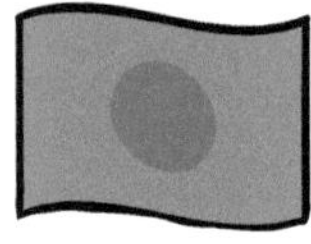

ბენგალური

бенгальская

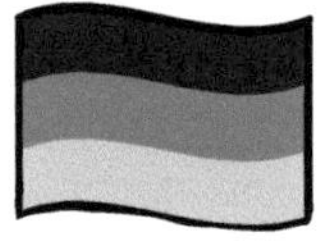

გერმანული

нямецкая

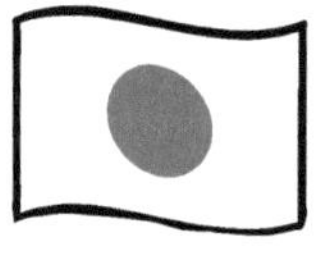

იაპონური

японская

ვინ / რა / როგორ

хто / што / як

მე

я

შენ

ты

ის / ის / იგი

ён / яна / яно

ჩვენ

мы

თქვენ

вы

ისინი

яны

ვინ?

хто?

რა?

што?

როგორ?

як?

სად?

дзе?

როდის?

калі?

სახელი

імя

სად
дзе

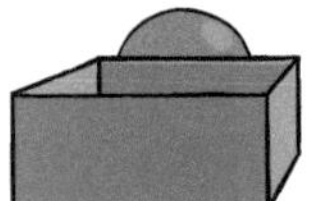

უკან

за

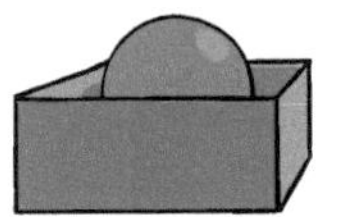

შიგნით

у

წინ

перад

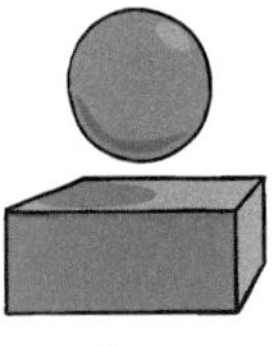

ზედ

над

=-ზე

на

ქვეშ

пад

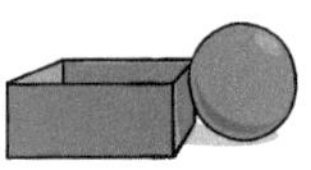

გვერდით

каля

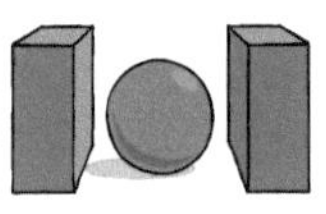

შორის

паміж

ადგილი

месца